나의 히말라야에게

히말라야가
전하는 위로

나의 히말라야에게

서윤미 지음 황수연 그림

스토리닷

목차

Part 1

왜 네팔인가요

Part 2

지금,
이 순간만으로도
행복합니다

왜 네팔인가요

안나푸르나 여신의 땅, 포카라

✦✦✦

"디디아주머니, 여기 스페셜 찌아Chiya 한 잔 주세요!"
매일 아침을 찌아로 시작하는 네팔 사람들 틈에 작은 동양 여자가 앉아, 매일 마셨던 것처럼 찌아를 주문한다. 매우 허름한 찻집이다. 구석에 앉아 담배 한 대를 물고 그날의 신문을 넘기는 동네 아저씨들을 바라보며 나는 익숙한 냄새와 풍경을 느낀다. 네팔어를 하는 나는 사람들의 반응을 살핀다. 여행객이 오지 않을 것 같은 찻집에서 나는 그날의 기분에 따라 여행자인 척할 때도 있고 아닐 때도 있다.

찌아는 홍차 잎을 우유에 오랫동안 끓여내는 차다. 오늘은 네팔어 선생님께 배운 걸 기억해 스페셜 찌아를 시킨다. 르왕이라 부르는 정향나무 꽃눈, 카다몸수크멜 등의 향신료를 듬뿍 넣어 새로운 찻잎으로 팔팔 끓여내는데, 보통 찌아보다 10루피한화 100원가 더 비싸다. 백 원의 특별함이라. 사치 아닌 사치를 부리기 좋은 날이다.

20

포카라Pokhara는 네팔의 수도 카트만두에서 200km 떨어져 있는 여행자의 도시로, 거리로는 서울에서 대전 정도지만 꼬불꼬불 외길인 고속도로를 7시간 달려야 도착할 수 있는 곳이다. 국내선 비행기로는 25분밖에 걸리지 않지만, 이렇게 가면 네팔의 정취를 느끼며 중간중간 로컬 휴게소에서 쉬는 재미는 없다. 가난한 여행자들은 더더욱 엉덩이에 불나는 여행자 버스에 몸을 싣는다.

2013년 네팔에 처음 일하러 온 후 이곳에 들러붙은 마음이 떨어지질 않고 있다. 2017년 봄, 나는 지진이 나서 전부 땅속에 묻혀버린 랑탕 마을 위를 걷고 있었고 다시 네팔에서 살아도 좋겠다는 생각을 했다.

스페셜 찌아를 마시고 있는 내 옆에는 내 덩치만 한 이민가방이 있다. 어렸을 땐 군인이셨던 아빠를 따라 수없이 이사를 했다. 고등학교 졸업 후엔 2년마다 원룸과 전셋집을 전전하며 옮겨 다녔다. 엄마는 한국에서도 모자라 네팔에서도 이삿짐을 꾸리는 나를 보며 이제 징글징글하다 하신다.

한국에는 내 집이 없다. 이사를 많이 다닌 탓에 고향이라 생각하는 곳도 딱히 없다. 그냥 지금 내가 발 딛고 사는 곳이 그 순간의 고향이다. 단출하지만 나에게는 전부인 이민가방 하나를 들고 다시 네팔에 살러 왔다.

포카라라니. 꿈의 도시, 여행자의 도시 포카라에서 사는 건 어떤 것일까. 포카라는 네팔로 히말라야 트레킹을 오는 여행자들의 관문이다. 전 세계 8,000m가 넘는 14개의 봉우리 중 축복받은 네팔에 8개나 있다. 그중 여행자들에게 인기가 많은 안나푸르나 트레킹 코스의 출발도시가 포카라이다.

포카라는 날이 좋을 땐 히말라야산맥이 병풍처럼 펼쳐진다. 네팔에서 두 번째로 큰 페와Fewa호수를 앞에 두고 뒤로는 히말라야산 맥들이 품고 있는 지형이다. 호수에서 바라봤을 때 왼쪽부터 저 멀리 다울라기리Dhaulagiri 히말로 시작하여 안나푸르나 남봉, 히운출리, 안나푸르나 1, 마차푸추레, 안나푸르나 3, 4, 2 그리고 람중 히말까지 파노라마의 진풍경이 펼쳐진다. 이 중 안나푸르나1Annapurna이 8,091m로 우뚝 서 있는데 네팔 사람들은 이곳에 풍요의 여신이 살고 있다고 믿는다. 풍요의 여신과 더불어 유명한 6,993m의 마차푸추레 Machapuchare에는 네팔인들에게 인기 많은 시바 신이 살고 있다고 한다. 풍요의 여신과, 파괴재생와 즐거움의 신인 시바 신의 조화로움을 가지고 있는 포카라.

찻집을 나와 지금 내 눈 앞에 펼쳐진 히말라야를 보며 압도당한다. 종교는 없지만 지금 이 순간만큼은 저 멀리 눈 덮인 산에 신이 산다고 생각한다. 네팔이 나를 붙잡는 것일까, 내가 네팔을 놓지 못하는 것일까?

큰딸

◇◇◇

사람들은 학창시절과 고향 친구들을 떠올리며 행복해한다. 단짝과 고향에 대한 향수 그리고 친구들과의 추억. 하지만 나는 나의 삶에서 지우고 싶은 시기가 학창시절이다. 왜 대학에 가야 하는지 몰랐고 내가 성인이 되고 싶은 이유는 집에서 벗어나 혼자 살 수 있다는 것 하나였다.

딸 둘 중 큰딸인 나는 보수적인 엄마와의 관계 속에서 부당함을 느끼는 미성년자였을 뿐이었고 부단히도 일탈을 꿈꿨다. 나는 매번 좋지 않은 일로 부모님이 학교에 오셨고 그에 대한 죄책감을 그 당시에는 느끼지 못했다. 그에 반해 두 살 차이인 여동생은 성공하는 길은 공부밖에 없다고 생각하며 자신이 해야 할 일이 무엇인지 아는 듯했다. 그런데 평범하고 싶은 일상을 계속 흐트러뜨리는 언니 때문에 항상 마음 졸여야 했다.

대학생이 된 후 여동생이 아빠의 연금을 털어 미국으로 교환학생이 되어 가 있는 동안, 나는 좋은 것도 나쁜 것도 다 해 보는 것이 인생이란 생각으로 닥치는 대로 아르바이트, 학생회, 동아리, 자원 활동, 연애를 했다.

정확히 하고 싶은 일이 무엇인지 모른 채 해방감을 여러 가지 통로로 표현하고 찾는 과정이었을까. 동생과 나는 점점 각자의 길을 갔고 나랑 너무 다른 동생이 때론 이해되지 않았지만 그게 동생의 행복이라면 서로 존중하는 것이 맞다고 생각했다. 어쩌면 그냥 무관심이었을지도 모를 길을 걸어가고 있었다.

그러다가 삶에 의지를 가지고 바꿔나가겠다고 생각한 사건이 하나 있었다. 총여학생회 회장 언니를 따라 한 여성단체에서 개최한 여대생 정치리더십 캠프였는데 나는 뭔지도 모른 채 어느 산속 세미나실에 앉아있었다. 심지어 그 언니는 나를 그곳에 데려다 놓고 휑하니 가버렸다.

그날 여성학 세미나에 참여하면서 나의 과거를 돌아보는 방식을 바꾸려 노력했던 기억이 난다. 여성학을 배우고 세상이 갑자기 달라진 게 아니라 엄마를 이해하려고 하는 나의 노력이 시작됐다.

그것은 그 시대의 엄마가 살아왔을 삶의 테두리를 단 한 번도 생각해보지 않았던 내가 엄마의 삶을 이해해보려고 마음을 먹었던 이야기이자, 나의 과거에 대해 마냥 억울해하지 않겠다는 다짐이었다. 세상의 많은 엄마와 딸의 모습이 다양할 텐데 나는 내 생각만 하고 있었다. 그 생각의 고리가 풀리자마자 내 삶에 대한 의지가 생기고 조금씩 세상에 대한 호기심도 생겼다.

그리하여 나는 20대 중반부터 내가 행복해지려 스스로 노력해나

갔다. 무엇인가 내가 하고 싶은 일들을 나 스스로 만들어가는 기쁨이 너무 좋았다. 하지만 내 삶의 주체가 되어가는 과정에서 나에 대한 엄마와 여동생의 걱정은 더 늘어가는 느낌이었다.

왜 네팔인가요

◇◇◇

밤늦게까지 감상에 빠져있다가 눈을 떴다. 아직, 아니 내가 다시 네팔에 있다는 것이 실감나지 않았다. 오늘은 부지런히 내가 살 집을 찾아야 한다. 요 며칠 찾아다녔지만 마음에 드는 곳이 없다. 2년 가까이 살아야 하는 집이니 더 신중하게 구해야 한다. 전에 살던 카트만두가 아니라서 여기저기 도움을 요청했다.

한여름의 포카라는 잠시라도 땡볕에 서 있으면 호수의 습기를 머금은 태양열로 찜질방에 있는 기분이 된다. 다 녹아내리는 기분이었다. 하지만 오후 4시만 넘어가면 먹구름이 몰려오고 밤새 비가 내렸다. 비가 쏟아지기 전 숙소에 가지 못해 조금이라도 늦어지면 폭우가 쏟아질 길거리에서 우왕좌왕하는 소들과 마주쳐야만 했다.

사람들은 항상 같은 질문을 했다.

"왜 네팔이 좋아요?"

나의 대답은 항상 같았다.

"일단 자연의 위대함 앞에서 작아지는 우리 존재들에 대해 생각하게 돼요. 자연 그 자체로도 너무 아름다워 압도되지만, 자연의 경이로움을 알고 자연 앞에 겸손하며 자연과 더불어 살아가려는 네팔인들의 모습을 보면 존경스러워요. 우린 너무 많은 것을 잃어가고 있고 자연을 인간의 부속물처럼 다룰 때가 많잖아요. 자연 무서운 줄 모르는 것 같아요. 또 한국은 단일민족이라 부르는데 네팔은 다양성이 존재하는 나라예요. 100여 개가 넘는 민족과 언어 속에서 민족분쟁이 없어요. 종교도 다양하고요. 제3의 성을 주민등록증에 표기할 수 있는 나라, 힌두교와 티베트불교가 적절히 공존하고 국가 가사에 다민족국가임을 자랑스러워하는 나라. 그런 다양성의 조화로움이 재미있어요."

하지만 다시 돌아온 이곳에서 그때처럼 네팔을 사랑할 수 있을까 하는 생각이 들었다.

흙냄새

◇◇◇

우기인데도 여행자들이 보인다. 페와호수 주변으로 길게 늘어선 상점들과 카페들이 즐비하다. 나는 지금 자유를 만끽하러 왔노라 선언하듯 카페에서 한없이 호수만 바라보며 낮술 한잔하며 넋 놓는 여행자들, 길거리에서 버스킹을 하고 이국적인 수공예품들을 탐색하며 자신만의 시간 속으로 빠져드는 여행자들을 바라보는 재미가 쏠쏠하다.

우리는 여러 제약 속에서 자신의 삶과 행동, 시간을 엮어 나간다. 일상을 벗어나고 싶지만 여의치 않을 때 우리는 여행 채널을 보기도 한다. 여행을 떠나기 전 가이드북을 사고 이미 갔다 온 것처럼 탐독한다. 그런 여행자들의 도시에서 살게 된 나는 특권이라도 얻은 것 같다. 여행자들이 쏟아내는 이야기와 눈빛, 분위기에 덩달아 흥분된다. 새로운 것을 탐색하고 뭐든지 해도 될 것 같은 그들의 열정에 압

도당한다. 대리만족을 느낄 것 같은 도시다.

　나도 여행자들처럼 호수를 바라보고 있는데 장대 같은 비가 쏟아진다. 비가 내릴 때 갑자기 올라오는 흙냄새가 너무 좋다. 어렸을 때부터 비만 오면 곧 올라올 흙냄새를 기다리며 코를 킁킁거렸다. 그리고 숨을 깊게 들이쉬면 더할 나위 없이 좋았다.

　더워서 팬티만 입고 호수 주변을 맴돌던 동네 꼬마 둘이 호수 안으로 풍덩 뛰어들었다. 두 아이는 신나서 팔짝팔짝 뛰는데 장대비가 호수 위로 쏟아진다. 아, 지금 이 풍경을 잊을 수 없을 것 같다. 비가 내리는 호수에서 수영하는 두 아이의 모습을. 그 어느 여행자들보다 자유로워 보였다.

म तिमीलाई माया गर्छु

◇◇◇

두 달 동안 네팔어 수업을 들었다. 2013년도에 네팔에 와서 일할 때는 배우지 않았던 네팔어를 배워야만 하는 이유가 있었다. 하루에 5시간씩 주5일씩 공부했다. 언어를 배우고 들리지 않던 말들이 들리니 네팔에 대해 더 많은 것을 알게 되어 신기하고 재미있었지만, 또 한편으로는 듣지 않으면 좋았을 것들도 생겨났다. 그냥 모르고 지나갔으면 좋았을 것들도 같이 들렸다.

네팔의 문화 중에는 한국과 비슷한 것들이 참 많다. 속담 중에도 비슷한 것이 있다. 한국에선 낮말은 새가 듣고 밤말은 쥐가 듣는다고 하는데 네팔에서는 '벽에도 귀가 있다'라고 한다. 네팔에서는 고양이가 별로 환대받지 못하는 동물이다. 고양이가 지나간 것을 본 사람들은 바로 길을 건너지 않고 다른 사람이 먼저 지나간 후에 길을 건너간다. 차를 타고 가다가도 고양이가 길을 건너면 바로 출발하지 않고 신께 기도한 후 지나간다. 길거리를 지나다 보면 내가 여행자인 줄 알고 나에게 하는 이야기도 들리고, 사람들 간의 관계 속에서 서로에 대한 시기 질투 어린 이야기도 들린다.

네팔 사람들의 추임새를 파악하게 되고 그들이 쓰는 미묘한 행동들을 따라 해보게 된다. 말을 배운다는 것은 나를 그들의 삶 속으로 한 발짝 더 들여놓는 기분이다. 나도 한 소속의 일원으로 받아달라는 의미기도 하다.

간혹 네팔에 오랜만에 온 사람들을 만나면 네팔이 변했다고 한다. 자신이 보고 싶은 눈으로 네팔을 바라본다. 보고 싶은 면만 보고 네팔을 사랑한다고 말한다. 네팔이 내 마음속 환상 속에서 영원히 머물러주길 바란다. 네팔이 변한 게 아니라 내 마음이 변한 것일 수도 있는데, 이런 말은 너무 이기적인 게 아닐까. 사람 사는 곳은 다 똑같은데 말이다.

네팔 가족

네팔도 관계나 인맥을 중시한다. 처음 만났어도 같은 고향 출신에 동네에 아는 사람이 있으면 금세 친해져 버린다. 작은 동사무소에서 일처리 하나 하는 것까지 영향을 미친다. 기나긴 줄에 시민 친화적 환경이 아닌 공무원들의 업무태도 속에서 강인한 인내심을 요구받게 되는데, 아는 사람이 있다면 프리패스가 되는 것이다. 네팔에선 그 사람과 찌아를 몇 번이나 마셨는지, 그 집에서 달밧네팔 가정식을 먹었는지 안 먹었는지, 뿌자기념일에 신께 무사안일을 기원하는 의식에 참석했는지 그렇지 않은지가 관건이다. 찌아 찻잔의 수만큼 관계가 쌓이고 내 사람으로 인식된다.

카트만두는 최근 부동산 중개업자들이 생겨나서 집을 구하는 게 쉬워졌지만, 포카라는 여전히 동네에 소문을 내고 집을 찾아달라고 하는 수밖에 없다. 나의 카트만두 인맥을 동원하여 포카라에 아는 사

람을 찾아내고 그 사람의 사돈에 팔촌까지 동원했다.

여행자 거리에서 조금 떨어진 곳, 현지인들이 사는 동네의 작은 골목으로 따라갔다. 멀리서 봐도 잘 보이는 집이었다. 주변에는 작은 텃밭들이 있고 소와 닭들이 울어대고 있었다. 형제들이 대대로 물려받은 땅에 집을 짓고 살고 계셨다. 나는 새로 지은 집의 첫 입주자가 되었다. 1층엔 네팔 가족 5명이, 3층에는 주인집 가족들이 살고 나는 2층에 들어가게 되었다. 주인아저씨와 아주머니는 연신 싱글벙글이셨다. 인상이 매우 좋으셨다. 큰딸은 시집을 가서 카트만두에 살고 3층에는 아직 결혼하지 않은 아들 둘과 사신다고 했다.

서울에서 일할 때 반지하 원룸부터 지상 원룸까지 전셋집을 전전했다. 그때마다 악질 집주인들을 만나 마음고생을 심하게 했다. 억울했다. 반지하 원룸에 살 땐 물난리도 겪고 밖에서 방안을 들여다보는 남자 때문에 트라우마를 겪기도 했다. 이 집을 보자마자 선택하게 된 것은 다정다감한 가족분들 때문이기도 했지만 탁 트인 전망과 햇살도 큰 이유였다.

항상 햇볕이 그리웠다. 온 사방에서 햇볕이 들어오고 있었고 히말라야의 파노라마가 보이는 발코니라니. 자연을 선물 받은 집이었다. 위치도 나에게 안성맞춤이었다. 여행자 버스정류장과 국내선 공항이 각각 도보 5분 거리에 있었다. 언제든 떠날 수 있는 곳이었다.

미누 다이

◇◇◇

목탄 미누Moktan Minod 다이나보다 나이 많은 남자를 부르는 호칭는 한국에서 이주노동자로 18년을 살다 추방당했다. 노래로, 웃음으로, 끝없는 행동으로 이주노동자들의 삶을 대변했던 다이를 나는 2013년 네팔에 와서 처음 만났다. 한국에서 이주노동자로 구성된 밴드 '스톱 크랙다운'은 알고 있었지만, 그를 실제 만난 건 네팔에서였다. 네팔로 돌아온 그는 여전히 열정적이었다. 한국의 아름다운가게를 모델 삼아 재활용매장을 열고 네팔 여성들과 전통 수공예품을 만들며 네팔로 다시 돌아온 이주노동자들과 함께 이주노동자들의 인권에 관한 관심의 끈을 놓지 않으셨다.

네팔에서 맞는 몇 번째 더사인일까? 더사인은 한국의 추석 같은 네팔의 최대 명절이다. 추수를 마치고 한 해 농사에 감사하며 악을 물리친 두르가 여신을 기리는 축제다. 온 가족이 모이는 귀한 날이

다. 예전에는 긴 명절을 이용해 네팔 국경을 넘어 티베트 라싸까지 다녀오는 여행도 하고 트레킹을 갔지만, 이번에는 작은누나가 산다며 포카라에 온 미누다이의 초대를 받았다. 부모님은 돌아가시고 형은 해외에 살고 있어 명절을 맞아 포카라에 온 것이다. 매형과 조카, 작은누나가 명절 음식 준비로 바쁘시다.

그런데 이곳에 한국분들도 있었다. 한국에서 미누다이의 다큐멘터리영화를 만들기 위해 오신 감독님과 포카라 인근에서 봉사활동을 한다는 한국 청년 정훈이. 작은누나에게 축복의 티카를 이마에 받고 전통 술을 한잔 나누며 한국과 네팔 이야기가 시작됐다.

미누다이는 항상 웃으신다. 그리고 항상 하는 이야기가 하고 싶은 일들에 관한 이야기다. 진정한 워커홀릭이다. 마음속에 하고 싶은 일이 넘쳐나시는 분이다. 네팔에서 그보다 더 열정적인 사람은 보지 못한 것 같다. 미누다이는 한국 이야기를 하고 나는 네팔 이야기를 한다. 다이는 내가 모르는 한국 트로트를 알고 나는 네팔의 매력을 이야기한다.

최근에 내가 일하는 곳은 포카라시청이다. 시청에는 외국인이 나 혼자다. 아침에 다른 부서 사람이 나에게 와서 묻는다.

"왜 한국에서 네팔 사람들이 그렇게 많이 자살하나요?"

순간 나는 할 수 있는 이야기가 없었다. 한국에서 일하는 네팔 이주노동자는 4만여 명에 달한다. 이주노동은 네팔 수익의 상당 부분을 차지하지만 이로 인해 야기되는 문제도 많다. 가족의 해체, 고립감과 외로움, 산재로 인한 후유증, 귀환 후 사회부적응 등이다. 한국에서 이주노동자들에 대한 착취와 불공정한 노동환경 문제는 하루 이틀이 아니다. 외로움을 견디고 서로의 정보를 공유하기 위해 한국 내 네팔

이주노동자 공동체가 만들어진 지 27년이 다 되어간다.

한국에는 민족별, 지역별 이주노동자 모임이 있다. 공동체와 네팔에 있는 가족이 그들을 버티게 하는 힘이 되지만 우울함 속에서 찾아오는 열악한 노동환경과 불안정한 고용은 한순간에 이들을 무너지게 만든다. 한국에서 자살한 네팔 이주노동자가 40여 명에 달한다는 통계가 있다. 미누다이도 한국에서 18년간 인내의 시간을 보냈을 것이다. 하지만 그는 여전히 한국에 대한 애정이 크다.

태양의 신

◇◇◇

네팔의 남부 인도 접경지역 사람들이 기념하는 짜트 파르바Chhat Parba라고 불리는 이 축제는 산스크리트어로 수리야Surya, 태양의 신께 감사하는 날이다. 사람들의 삶이 지속되도록 해준 태양의 신에게 감사하며 자연, 힘의 근원을 돌아보는 날이다. 힌두 사람들은 태양이 많은 질병을 치료해 준다고 믿는다. 나는 비를 좋아하지만, 햇빛이 나지 않은 채 비만 내리면 사람들은 우울해지기 마련이다.

사무실에서 일하다가 점심 식사 후 산책을 하며 쬐는 햇볕은 몸의 세포를 일깨운다. 날이 너무 좋은 휴일 동네가 궁금해서 길을 나섰다. 나의 여행방법 중 모르는 곳을 새롭게 아는 좋은 방법으로는 무작정 버스를 타고 종점까지 가보는 것이다. 여행자 거리 한가운데 현지인들을 가득 태운 버스가 출발한다.

여행자들이 타지 않을 버스가 여행자 거리에서 출발한다. 나도 버스에 올랐다. 여행자 거리를 출발하여 호수 끄트머리에 다다르니 논밭에 패러글라이더들이 착륙하고 있다. 비포장 길을 달리니 마을이 나오고, 버스정류장도 벨도 없는 버스시스템이다 보니 운전사가 경적을 울리며 버스의 도착을 알린다.

종점에서 내렸다. 동네 분식집 같은 곳에서 볶음면을 시켜 먹고 마을을 둘러보는데 꼬마가 말을 건다. 아이 엄마가 날 보더니 집에 들어와 찌아 한잔하고 가란다. 네팔 사람들은 외국인에 대한 경계가 별로 없다. 이런 마을에서는 더더욱 호기심 어린 눈빛으로 대문을 쉽게 열어주곤 한다. 침대엔 태어난 지 두 달밖에 되지 않았다는 갓난아기가 누워 있다.

노래 부르는 걸 좋아한다는 젊은 엄마는 15살에 결혼해 남편은 사우디에서 7년째 이주노동 중이며 외삼촌도 5년째 한국에서 일하는 중이란다. 어린 나이에 시집와 애 둘을 낳고 남편과 떨어져 산 지 7년째인 젊은 엄마는 그 나이 또래 친구들처럼 놀고 싶고 노래 부르고 싶을 텐데 집에만 있으려니 답답한 모양이었다.

처음 본 나에게 자기 집에서 자고 가라는데 대충 집에서 모자만 쓰고 나온 터라 찌아 한잔만 얻어 마시고 나왔다. 젊은 엄마는 자신의 번호를 주며 다음에 꼭 다시 와서 자고 가란다. 마을에서 다시 버스를 타고 돌아오는데 아주머니께서 갖고 가라며 과일도 싸주셨다. 비포장길이라 버스가 심하게 흔들리다 보니 내 아이가 아니어도 버스의 아이들을 서로 챙긴다.

운전사가 다시 경적을 울리며 사람들에게 타라고 손짓하자 집에서 할머니 한 분이 뛰쳐나와 운전사에게 상자에 담긴 닭 한 마리를 건네신다. 살아있는 닭이다. 시내에 사는 사람에게 전해달라고 맡긴 닭 한 마리가 버스 안에서 정신없이 울어댄다.

Cafe
라이프아트

◇◇◇

트레킹 시즌이다. 더 추워지기 전에 몰려든 세계 각국의 여행자들로 네팔 여기저기가 벌써부터 북적인다. 우리 집은 공항과 여행자 버스 정류장 사이에 위치해서 배낭을 멘 여행자들을 많이 볼 수 있다. 아침에 산책하러 나가면 여행을 마치고 수도 카트만두로 떠나려는 버스 앞에 큰 배낭을 멘 여행자들이 찌아에 빵으로 아침을 때우고 있다. 여행을 마치고 난 후 아침 일찍 떠나는 버스를 타려고 온 여행자들의 얼굴엔 피곤함이 가득하다.

반면 오후에 시청에서 일을 마치고 퇴근할 때는 카트만두에서 온 여행자들이 여행을 시작하려는 설렘으로 정신없이 버스에서 우르르 내려 택시를 잡는다. 여행자 버스 정류장 옆 담벼락을 지나갈 때마다 여행자들의 얼굴을 살핀다. 나도 여행을 떠나고 싶은 생각이 들면 여행자 거리로 향한다.

예전 페와호수 주변에는 논밭이었고 아무것도 없었다고 한다. 지금도 소들이 어슬렁거리고 아주머니들이 빨래하고 축구장에 사람들이 뛰어논다. 하지만 여행객들이 몰려들고 도시로 발전하면서 호수 가까이 카페와 레스토랑이 빼곡히 들어섰다. 네팔의 스타벅스라고 하는 네팔인이 낸 카페 체인 '히말라얀 자바'는 항상 외국인들로 북적인다. 자바를 피해 어슬렁거리다 한 카페의 이름이 눈에 들어온다. 카페 라이프아트. 마음에 드는 이름이었다.

카페에 들어서니 담배를 물고 그림 그리는 네팔 친구들이 보인다. 주인은 무심하게 메뉴를 건넨다. 이 카페는 봉사료도 세금도 받지 않는다. 여행자들은 보이지 않고 손님도 별로 없다. 나는 매일 이 카페로 출근을 했다. 시청에서 일을 마치자마자 카페로 향했다. 매일 똑같은 네팔 친구들이 그림을 그린다. 역시 젊은 주인은 무심하게 주문을 받고 커피를 내린다. 그렇게 한 달, 두 달이 되자 주인도 활짝은 아니지만 옅은 미소를 보여주기 시작했다. 그림 그리는 친구들도 이제 단골을 알아보며 눈인사를 건넨다. 알고 보니 카페 옆 타투가게에서 일하는 타투이스트들이 손님이 없으면 커피 한잔하며 타투 도안을 그리는 곳이었다.

어떤 날은 온종일 손님이 없어 노트북을 가지고 일하는 나의 독차지가 된 적도 있었다. 이제 카페 주인인 '어닐'은 잠시 장을 보러 갈 때 나에게 카페를 맡기기도 한다. 나는 항상 같은 메뉴를 시킨다. 아이스 카페라떼. 배가 고프면 채소 볶음면을 시킨다. 어닐은 이제 메뉴판을 주지도 않고 내 커피를 내어준다. 이후 나는 1년 반 동안 라이프아트에 출근 도장을 찍었고 간간이 찾아오는 한국 손님들을 무조건 이곳에서 만났다.

심지어 이제 어닐은 자기는 잠시 일이 있어 자리를 비우지만, 카페는 열거라고 문자까지 보내준다. 어닐은 온종일 혼자 조용히 일한다. 카페 사장이지만 본인이 청소하고 본인이 커피를 내리고 본인이 문을 닫는 1인 카페다. 마음의 안식처가 되는 나만의 익숙한 공간이 오래도록 그 자리에 있었으면 좋겠다. 포카라에 가면 할란촉 카페 라이프아트에 들러보시라. 무뚝뚝한 어닐이 맛있는 커피를 내려줄 것이다.

아침의
꽃바구니

◇◇◇

나는 요즘 아침마다 행복하다. 아침에 일어나 발코니에 나가면 날이 좋은 날에는 히말라야가 파노라마처럼 펼쳐지고 발코니 테이블 위엔 꽃바구니가 놓여 있기 때문이다. 집주인 아저씨가 일주일에 한 번씩 마당의 꽃을 따다가 예쁜 꽃바구니를 만들어 내 테이블에 놓고 가신다. 아저씨는 공무원으로 퇴직한 후 집에서 많은 시간을 보내신다. 아주머니는 씩씩하시고 아저씨는 수줍음이 많다. 두 분 모두 나를 딸처럼 대해주신다.

처음에는 한두 번 하시다 말겠지 생각했는데 매주 꽃이 새 꽃으로 바뀌었다. 집에서 행사가 있는 날이면 먹거리를 잔뜩 들고 내려오셨고 마당에 키우시는 각종 채소를 따다 주셨다.

3층짜리 집 앞으로는 낮은 건물의 1층짜리 건물이 있는데 여섯 세대가 세 들어 살고 있다. 마당을 공유하고 문도 연결되어 있어 우리 건물 세 세대와 앞 건물 여섯 세대는 마치 한 가족 같다.

　앞집 아이들은 가끔 술래잡기를 한다고 내 발코니에서 뛰어놀고, 누군가의 생일이면 마당에 다 같이 모여 케이크도 자른다. 어느 날은 다 같이 모여 모모^{네팔식 만두}를 빚어 나눠 먹었다. 다들 혼자 사는 내가 밥도 못 챙겨 먹을까 봐 항상 챙겨주고 놀러 오라 하신다.

　우리 집 중 내가 제일 좋아하는 곳은 발코니지만, 포카라 최고의 뷰 포인트라 자랑할 수 있는 옥상이 단연 으뜸이다. 햇빛 좋은 날 빨래를 들고 옥상에 올라가서 널고 있으면 내려오기가 힘들다. 형형색색 집들 뒤로 낮은 산이 보이고 그 뒤로 장엄한 히말라야가 펼쳐져 빨래할 맛이 난다.

옥상에서 집집마다 걸려있는 빨래를 보면 그 집의 식구들이 연상된다. 오색찬란한 꾸르따부터 아이들의 교복, 가방까지. 옥상에 빨래를 널려고 올라온 이웃집 아주머니와 눈이 마주치면 인사를 하기도한다. 어쩌면 너무 소소한 풍경들이 이제 도시에선 보기 힘들어졌다. 마당을 공유하고 함께 음식을 해서 나눠 먹고, 각 집의 빨래를 다 볼수 있고 누구 집의 숟가락이 몇 개인지까지 알 수 있는 소통이 있는 풍경들 말이다.

밖에 외출했다가 갑자기 비가 쏟아져도 난 옥상에 널어놓은 빨래 걱정을 하지 않는다. 아저씨가 빨래를 걷어 내 발코니 의자에 놓아주시기 때문이다. 한두 달 하시고 말 줄 알았던 꽃바구니는 내가 포카라 그 집에 사는 2년 가까이 한 번도 거르지 않고 내 발코니에 놓여 있었다.

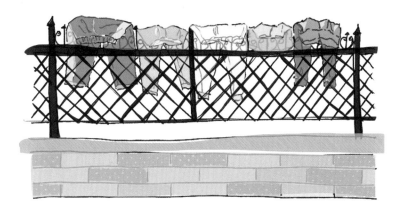

여신들이여

◈◈◈

여행자들은 네팔이 인도처럼 여성들에게 위험한 나라가 아니냐는 질문을 많이 한다. 인도의 좋지 않은 뉴스가 알려지면서 네팔은 어떤지 묻는 거다. 나는 네팔이 여행자들에게는 안전한 나라지만 이 나라 여성들에게는 가혹한 나라라고 대답한다. 남아선호 사상이 지배적이며 결혼 후 여성들이 경제 활동을 하기란 너무 어렵고 해외 이주노동을 떠난 농촌에선 여성들이 농사일과 집안일을 도맡아 한다.

포카라에서 열리는 국제 산악영화제를 보러 갔었다. 네팔 여성 감독의 짧은 다큐멘터리로 〈In search of Devaki〉라는 제목이었다. 영화는 14세기 나기말라 Naagi Malla 왕이 네팔의 극서부 도티지역의 사원에 여자아이를 바치면서 시작된 것으로 이런 풍습은 인

도에서 넘어왔다고 한다. 이런 좋지 않는 풍습이 요즘
에도 행해지고 있다. 네팔 부자들이 소원을 이루기
위해 가난한 집 어린 여자아이들을 사서 사원에
바치고 있다.

사원에 바쳐진 여자아이는 결혼할 수도 없
고 온 마을의 성적 대상이 된다. 심지어 다섯 살에
팔리기도 한다. 정부가 법적으로 금지시켰지만,
관습은 쉽사리 사라지지 않고 새로운 악습으로
거듭났다. 영화에서도 열여덟 살에 임신한 여자는
남편 없이 두 아들을 키운다.

농촌에선 10대 청소년들의 조혼도 쉽게 일어나며 차우파티라는
악습도 남아 있다. 차우파티는 여성이 생리할 때는 불결하다며 집에
들이지 않고 가축들이 자는 외양간 같은 곳에 재우는 악습으로 아직
서쪽 지방에 남아 있다. 2017년 8월 10일부터 법적으론 차우파티가
금지됐고 서쪽 지방에선 경찰들이 단체들과 함께 마을을 돌며 1000
개가 넘는 차우파티용 외양간을 불태웠다고 한다. 하지만 법적으로
처벌을 받아도 최고 징역 3개월이다 보니 법에 대한 경각심이 부족
한 실정이다. 매주 안전과 관련된 뉴스를 받아보면 네팔 내 10대 여
성에 대한 강간사고가 빈번하게 일어난다.

힌두교에는 3대 주요 신이 있고 그 신들의 부인들도 각자의 역할
이 있다. 브라만의 부인 사라스와띠는 교육과 지혜의 여신이며, 비쉬
누의 부인 락쉬미는 부의 여신으로 빛의 축제 때 섬긴다. 시바 신의
부인 파르바띠는 두 가지의 모습으로 나타나는데, 이 중 두르가 여신
은 승리의 여신으로 네팔 최대의 축제인 더사인의 10일째 되는 날 성

대하게 섬긴다. 빛의 축제인 띠하르 때는 '바이티카'라고 하여 악으로부터 동생을 구한 여성의 힘과 수호력을 전달하는 날로 여자 형제들이 남자 형제들에게 축복을 내려준다.

네팔은 강인한 여성들의 역사가 많은 나라다. 1980년 지주에 대항했던 타루민족 소작농 여성들이 있으며, 1981년 성범죄에 대항하여 처음 거리로 나선 여성들이 있으며, 1990년 민주화를 위해 나섰던 여성들이 있다. 아픈 역사 속에서 1996년 양성평등을 내세운 마오이스트 당의 내전에 참여했던 여성들도 있다.

최근에는 네팔에서도 미투 운동이 일어났으나 큰 반향을 일으키진 못했다. 하지만 페미니스트 도서관이 생겨나고 네팔 여성들의 역사를 정리하는 움직임들이 시작됐다. 지금부터가 시작이다.

여행자들이
좋아하는 것

◇◇◇

여행자들이 좋아하는 것 중 하나가 네팔 사람 구경하기다. 가만히 앉아서 지나가는 네팔 사람들 풍경을 바라보는 재미에 시간 가는 줄 모른다.

하지만 네팔 사람들도 외국인들 구경하는 재미가 얼마나 큰지 모를 것이다. 여행자들은 본인들의 나라에서 보지 못했던 것들을 보며 신기해하고 이국적인 풍경들을 소비하고 담는다. 네팔 사람들은 외국인들이 지나가면 온갖 품평을 하기 시작한다. 무슨 화장품을 써서 얼굴이 하얀지, 무엇을 먹는지, 현지 음식을 먹고 어떤 반응을 하는지 살피고 웃기 바쁘다.

외국인에게 수공예품을 파는 가게가 하나 있다. 손님들에게 보여주기 위해 직원은 돌아가며 가게 입구 앞에 앉아 온종일 베틀만 돌린다. 그들은 입지도 않을 엉거주춤한 바지와 온갖 색색의 히피문양의

티셔츠를 내놓는다. 레스토랑에선 본인이 먹어보지도 못했을 음식을 시중들고 만든다. 여행자들은 어떤가. 할아버지 시대에나 있었을 법한 진기한 풍경에 놀라고 네팔의 자연과 순수함 그리고 물건의 싼 가격에 놀란다.

어느 순간부터 무엇이 자연스러운 것이고 진짜인지 모르게 되었다. 포카라 페와호수 앞은 여행자들을 위해 맞춤형으로 도시를 변화시켰다. 어떤 여행자들은 네팔이 상업적으로 변했다며 더 '진짜'를 찾아보겠다고 한다. 그들을 보며 진짜란 무엇일까 생각해 본다.

카트만두 네와리 민족이 살던 동네에는 '빠띠'라고 불리는 곳이 있었다. 예전에 호텔이나 게스트하우스가 없을 때 도시 간 이동 시 여행객, 상인들이 잘 수 있게 만든 평상이라고 한다. 지금은 동네 곳곳에서 사랑방 역할을 하며 동네 어르신들이 도란도란 모여앉아 이야기도 하고, 마을 사람들과 전통음악 연주도 하는 곳으로 변했다. 시대는 변하고 여행의 모습도 변화한다. 여행은 이제 삶의 한 부분이 되어버렸다. 하지만 빈부격차가 심한 네팔에선 다른 이야기다. 평생 네팔 내 다른 도시를 여행하지 못하는 사람들이 태반이며 내가 사는 포카라를 여행해 보는 게 소원인 사람들도 있다. 네팔은 관광업이 경제적 이익과 고용 창출의 효과를 가져오는 나라다. 천혜의 자연을 가진 네팔은 너무나 매력적이다.

나는 티베트불교의 팔길상여덟 가지의 성스러운 문양 중 한 개인 '끝없는 인연의 고리' 문양을 좋아한다. 네팔을 여행한다는 것은 꼭 무엇인가 연관된 것들이 내면에 존재하기 때문이라 생각한다. 네팔에 오는 여행객들을 보면 그들은 어떤 인연일지 생각해본다. 그 내면의 인연과 관계의 고리들이 네팔 사람들에게도 여행객들에게도 서로 좋은 에너지로 발현하길 바라본다.

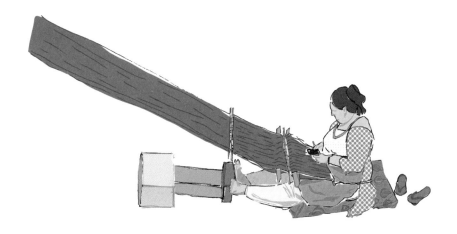

거리로 나서는
사람들

◇◇◇

내가 일하는 시청의 아침 풍경은 항상 수다다. 출근 시간이 10시지만 10시에 오는 사람들은 드물고, 출근해서도 컴퓨터도 없는 책상에 앉아 수다로 시작한다. 네팔은 젊은 인구가 많지만 대부분 해외에 이주 노동을 떠나 있고, 공무원은 정규직이기에 네팔 공무원들의 연령대는 높은 편이다. 젊은 공무원들이 거의 없다.

시민들은 아침 일찍부터 찾아와 줄을 서지만 공무원들은 느긋하다. 대부분 자식을 해외에 유학 보낸 공무원들이 많다. 내가 속해있는 환경부서의 직원들도 마찬가지다. 꺼멀라 디디는 딸이 두 명인데 한 명은 미국에서 공부 중이고 한 명은 덴마크로 곧 떠날 예정이며, 남편은 한국에서 7년째 이주노동을 하고 있다. 웬만큼 높은 직급이 아닌 이상 기획과 결정에 대한 권한이 없고 찾아오는 민

원인들의 서류를 들춰보고 도장을 찍어주는 일이 전부다. 시장이나 팀장이 휴가나 출장을 갔다고 하면 점심 먹고 퇴근해버리기도 하고 내일이 휴일이어도 전날 출근 도장만 찍고 집에 가기 일쑤다.

지역 모임이나 학생, NGO 단체에서 내년 예산에 반영해달라고 찾아오면 시청은 이를 반영하는데 그것도 인맥이 있는 곳에서나 통하는 이야기다. 예산을 집행하지 않고 반납하기 일쑤이며 공무원들의 부정부패를 가까이에서 보는 건 흔한 일이다. 집을 짓고 전기를 넣어달라고 찾아온 시민에게 거들먹거리며 내일 오라고 하는 공무원의 이야기는 하루 이틀이 아니다.

내일 오라거나 한 달 뒤에 전기를 넣어주겠다는 등의 이야기는 뒷돈이 없이는 어렵다는 뜻이다. 당연히 전기세를 내고 사용하는 전기를 공무원이 마음대로 결정하고 뒷돈을 요구한다. 뒷돈을 내는 순간

업무는 그날 바로 처리된다.

네팔은 1인당 GDP가 1,000달러 수준밖에 되지 않는, 경제적으로 어려운 나라이며 해외 이주노동자들이 보내는 송금액이 국가 총수익의 28%, 해외에서 보내는 원조자금이 22%를 차지하는 나라다. 해외에 나가 있는 젊은 청년들에게는 투표권이 없고 자리만 차지하고 있는 공무원들은 요지부동이다.

주변의 네팔 친구들을 보면 어려움 속에서도 나라를 떠나지 않으려 하며 자신이 할 일을 해나가는 의지가 느껴진다. 그런데 내가 일하는 시청의 공무원들은 자기 살길만 찾는 것 같다. 이런 정부 기관에 파견되어 일하는 것 자체가 고민스러워지는 날들이다.

시스템이 이렇다 보니 무조건 시위하며 길거리에 나서는 것만이 답인 상황이 되었다. 학교 앞 속도를 지키지 않고 사고를 낸 버스회사에 대항하기 위해, 인상된 물가와 기름값에 맞지 않는 택시 시스템에 대항하기 위해 오늘도 네팔인들은 비루한 네팔 행정시스템에 맞서 길거리로 나온다.

계절을
알리는 신호

◇◇◇

마게 산크란띠Maghe Sankranti는 봄을 알리는 축제다. 각 계절을 알리는 꽃과 과일들이 있다. 예를 들면 보라색 자카란다는 봄이 온다는 뜻이다. 집에서 여행자 거리까지는 버스로 10분도 안 걸린다. 페와호수 옆길로 보라색 자카란다가 피면 버스보다는 걷는 게 좋다. 걷는 길에 내가 좋아하는 장소가 있다. 자카란다 나무 아래 의자 하나. 의자에 앉아 호수를 바라보면 봄을 충분히 느낄 수 있다. 포카라는 해발 800m 정도라 네팔의 국화인 랄리구라스가 보이지 않지만, 더 높은 산에는 랄리구라스가 흐드러지게 필 것이다.

이렇게 봄이 지나면 여름에는 망고를 맘껏 먹어야 한다. 인도에서 넘어오는 큰 망고보다는 손바닥 반 크기인 작은 네팔 망고가 더 달다. 하루에 1kg씩은 먹어야 한다. 망고 시즌이 끝나기 전 부지런히 먹는다. 망고의 중간 씨 부분을 먹을 때면 얌전하게 먹을 수 없다. 손바닥에 다

문혀가며 먹어야 제맛이다. 분홍 메밀밭이 정말 예쁜 달과, 옥수수를 심어야 하는 달들이 지나가고 가을쯤 단풍과 함께 엄바^{구아바}가 찾아온다. 네팔의 겨울은 정말 혹독하다. 전기장판 없이는 잘 수가 없다. 그런 기운이 스멀스멀 올라오면 순딸라^{네팔의 귤}가 찾아온다.

우리가 계절을 체감하는 방법은 다양하다. 나는 가끔 그달에 대한 느낌을 기록해둔다. 소설을 많이 읽던 달, 사업의 결과보고서를 써야 하는 정산의 달이자 새로운 것을 배워야 하는 달, 네팔 이름으로는 시말Simal이라는 고급스러운 나무를 알게 된 달.

일교차가 심하다. 아침저녁으로는 춥고 낮엔 덥다. 지금 이 계절은 겨울 목도리와 여름 샌들 사이 어디쯤 있나 보다. 우린 지금 어디쯤 서 있을까? 우린 어느 계절에 있는 걸까?

마을과 마을을
연결하는 길

◇◇◇

포카라에서 트레킹 회사를 운영하는 가이드들이 포카라 인근 마을 하이킹 루트를 개발하러 간다고 해서 따라나섰다. 포카라에서는 대부분 안나푸르나, 푼힐, 마르디 히말 트레킹을 떠나는데, 하이킹이라니 새로웠다. 포카라 인근 마을을 가볼 기회였다.

트레킹회사연합회 회장님의 초대로 아침 일찍 길을 나섰다. 모이기로 한 시간은 아침 7시 30분이었지만 역시 다 모인 건 9시였다. 하지만 한 시간 반 동안 아침 먹고 웃고 떠들며 누구 하나 화를 내지 않는다. 심지어 거의 출발할 때 온 두 명에게 밥 다 먹고 오라며 버스에서 다 같이 기다려주었다. 이런 모습을 볼 때마다 네팔이 놀랍다. 항상 네팔 사람들은 '네팔리 타임'이 있다고 이야기한다. 이들의 네팔리 타임은 무엇을 뜻하는지 늘 놀랍다.

가이드 30여 명을 모아두니 걸음이 엄청 빠르다. 나도 걷는 건 자신 있는데 트레킹 가이드들을 따라가려니 다리가 후들거린다. 마을 하나를 지나고 나면 또 다른 마을이 나오고 산등성이에 마을들이 하나하나 모여 있다. 계단식 논들 사이의 마을들은 정겹고 흥미롭다. 포카라 관광도시를 둘러싼 산간마을들의 모습이 매우 매력적이었다. 마을 길을 걷는데 할아버지께서 나보고 네팔 무슨 민족이냐고 물으신다. 이젠 너무 익숙한 질문이 되어버렸다. 이번 트레킹에서도 염소가 좇아오기도 하고 마을 사람들이 직접 재배한 채소로 만든 달밧 정식을 먹었다.

마을을 걷는 동안 여러 가이드와 이야기를 나누는데 한 친구가 눈에 띈다. 아르준은 3형제 중 장남으로 부모님은 마을에 살고 형제 셋이 포카라 시내로 내려와 방 한 칸을 얻어 산다고 했다. 은행에서 월급 4만 원을 받으며 일하다 지금의 트레킹회사연합회 회장님을 만나 관광업과 영어를 배웠단다. 지금은 본인의 여행사를 차렸다며 집에서 직접 밥을 해 먹으며 본인들의 생업을 알아서 찾아가야 한다고 말하는 젊은 친구를 보며 대견스러웠다.

이 일을 시작했을 때 처음엔 포터로 시작하여 30kg이나 되는 짐을 들었다가 쓰러질 뻔도 하고 외국 손님과 처음 레스토랑에 갔을 때 나이프 사용법을 몰라 집에 나이프를 사와 팬케이크를 만들어 연습했다는 아르준. 성실해 보이는 이 친구와 포카라에서 재미난 일을 한번 시작해보고 싶은 생각이 들었다.

오늘 하루 다섯 개 정도의 마을을 걸은 것 같다. 돌아오는 길이 아무리 멀고 힘들었어도, 오다가 버스가 길에 빠졌는데도 웃으며 다들 내려 버스를 밀었다. 알다가도 모를 네팔 사람들의 에너지가 있다.

내일로
나아가기

◇◇◇

몇 년 전 마을에 출장 갔을 때 나에게 다가와 자기 '미뜨니네팔의 의자매'를 하자고 했던 사파나Sapana가 포카라에 왔단다. 사파나의 친척이 티베트 불교사원에서 운영하는 호스텔에서 일한다고 거기서 지낼 거라 했다. 그녀는 네팔의 새해를 맞이해 태어나서 처음으로 포카라에 놀러 온 거란다. 사파나를 본 지 한참만이라 반가운 마음에 호스텔로 향하니 휴일이라 아이들이 TV 앞에 모두 모여 어벤져스를 본다고 난리다.

그녀의 남편은 5년째 프랑스에서 오지 않고 있다. 곧 합법적인 비자를 얻어 가족을 초대하겠다던 남편이 깜깜무소식이다. 그녀는 남편이 보고 싶지만 보러 갈 수 없다. 머뭇거리더니 나에게 비자와 관련된 질문을 쏟아놓는다. 내가 해줄 수 있는 게 없어 안타까운 표정을 짓는 찰나, 마을에서 나를 위해 싸 온 전통주와 옥수수, 꿀을 주섬

주섬 꺼내놓는다.

나보다 나이는 어리지만 이미 자식을 홀로 키우고 있는 그녀는 나의 엄마 같다. 엄마가 딸내미 보러 도시에 올라온 것처럼 한 보따리를 싸 들고 왔다. 그녀와 포카라 여기저기를 수학여행 온 친구처럼 들러보고 아쉬운 작별인사를 했다. 그녀가 마을로 돌아가면 언제 또 만날 수 있을까. 일 년 아니면 이 년. 우리는 언제가 될지 모를 그날을 기약하며 헤어졌다.

자고 일어나니 몸살 기운이 있다. 오늘은 색깔의 축제 홀리이다. 이미 마당, 골목에는 아이들이 물총을 쏘며 색깔 놀이를 한다고 들떠있다. 네팔 친구들이 밖에 나가서 홀리를 즐기자고 하지만, 몸이 따라주질 않는다. 미역국을 끓이고 핫초코를 마시며 몸을 달랬다.

축제에도 혼자 집에 있는 게 맘에 걸렸는지 네팔 친구가 집에 와 이마에 분홍색 티카를 찍어주었다. 네팔에 지내면서 홀리 날에는 비가 왔던 기억이 난다. 온종일 형형색색의 가루를 뿌리고 얼굴에 발라주며 축제를 즐기고 나면 온 도시가 무지개색이었다. 그리고 그날 밤에 비가 내리고 모든 색깔이 다 씻겨 내려갔던 기억이 난다.

밤이 되고 오늘도 어김없이 비가 내린다. 정전이라 암흑 속에서 빗소리만 들린다. 오늘의 즐거움이 이렇게 씻겨 내려가고, 내일이면 일상이 찾아올 것이다. 네팔의 의식 중에 문다나Mundana라고, 태어날 때 가지고 태어난 머리카락이 지난 생의 잔재라 생각해서 지난 생으로부터 자유로워지고 미래를 위해 나아가는 의식으로 삭발을 한다.

거창한 삶의 나아감이 아니더라도 하루하루, 마음속으로부터 우리는 뭐든지 새로운 것을 맞이하기 위해 겪는 일상들이 있다. 홀리 축제 뒤에 어김없이 찾아오는 이 비도 그런 느낌이다. 오늘 갑자기 반갑고 어리둥절한 소식이 왔다. 일 년 반 동안 소식을 전하지 못했던 이가 네팔에 온단다.

그 사람

◇◇◇

일 년 반만의 만남이었다. 연락조차 하지 않던 그가 네팔에 온다니 믿기지 않았다. 보고 싶기도, 보고 싶지 않기도 한 사람이었다. 사진에서 숫자 8이 의미하는 바를 알려주던 사람이었다. 존 버거를 좋아하고 울창한 전나무 숲 사이로 덩그러니 혼자 서있는 꽃나무를 발견하는 사람이었고 겨울마다 여행을 떠나는 사람이었다. 어색할까 봐 걱정이었다. 포카라 여행자 버스 정류장에서 그를 기다리며 만감이 교차했다.

카트만두에서 여행자들을 싣고 온 버스가 줄줄이 들어오고 있었고 그가 탄 버스가 도착했다. 그의 얼굴을 보는데 모든 초조함은 사라지고 그냥 익숙함과 편안함만 전해져 왔다. 어제도 만났던 사람같이 느껴졌다. 집으로 와 짐을 풀고 이야기를 나누는데 네팔 입국장에서 할머니의 부고 소식을 들었단다. 아, 덤덤하게 할머니의 부고 소식을 이야기하는 그의 얼굴에는 감정이 잘 드러나지 않았다.

덤덤하게 이야기하는 그 앞에서 나의 감정을 추스르며 이야기를 이어나갔다. 할머니에 관한 이야기를 이어나가며 중간중간 한국에 계신 어머니와 남동생과 통화할 땐 그의 감정이 흔들림을 느꼈다. 항상 그에게 내가 좋아하는 네팔을 보여주고 싶었는데…… 시간이 짧음을 느꼈다. 나의 단골 카페인 라이프아트에 데려가고 레이크사이드를 걸으며 아이스크림을 먹었다. 한 시간 정도 로컬버스를 타고 베그나스 호수에서 낮술도 한잔하며 서로의 이야기를 나누었다. 트레킹을 다녀오겠다 했다. 혼자 여행을 잘 다니는 사람이기에 걱정하진 않았다.

트레킹 중간중간 보내오는 사진에서 여전한 그의 시선이 느껴진다. 혼자 충분히 할머니를 애도하길 바라며 나는 출근을 했다. 트레킹 마지막 날 머문 숙소 사장님과 가까워졌는지 흥분한 그의 느낌이 고스란히 전해진다. 포카라에 다시 돌아오는 날 나는 단골 카페에서 그를 기다렸다. 그는 뭔가 혼합된 감정을 가득 풍기며 나타났다. 하나로 표현할 수 없는 그의 여정과 아쉬움이 배어있었다. 그것들을 다 쏟아낼 필요도 없고 천천히 나누면 될 일이었다. 그가 가방에서 주섬주섬 무엇인가를 꺼내 탁자에 놓았다. 네팔의 국화인 '랄리구라스'였다. 봄이라 랄리구라스가 만개하는 계절이었다. 산에서 가져온 랄리구라스를 포카라까지 정성스레 담아온 것이다. 그다운 행동이라 생각했다. 그는 그런 사람이었다.

그가 한국으로 돌아가는 날이다. 마지막 날이 올 거라 생각하지 못했던 시간들이 지났다. 페와호수를 걷다 집에 와서 맥주를 마시며 마지막 날을 보냈다. 버스 정류장에서 다시 만났을 땐 어색하지 않았는

데 공항에서 그를 배웅하는 날은 어떻게 보내야 할지 몰랐다. 떠나보
낸 후 대청소를 했다. 항상 한국에서 누군가 왔다 가면 허전했다. 청
소를 하다가 화장대 위에서 그가 두고 간 편지를 발견했다.

우린 또다시 연락하지 않고 지낼 것이고 아마도 일 년에 한두 번
미술관에서 만날지도 모르겠다.

조심히 돌아가요. 그리고 잘 지내세요.

ⓒ 정직

포카라 사람

◇◇◇

포카라시청에서 일을 하면서 시작한 프로젝트가 있다. 포카라는 대부분 긴 여정의 히말라야 트레킹을 떠나기 위해 오는 도시인데 시간을 많이 못 내거나 트레킹을 하기 어려운 사람들에게 포카라 인근 산간마을을 보여주고 싶었다.

짧은 하이킹 코스를 소개하며 마을에서 홈스테이를 경험해보는 프로젝트였다. 트레킹회사연합회 행사 때 만난 아르준과 본격적인 코스개발 회의를 시작하며 주변 여행사 대표님들께 조언을 구하기 시작했다. 아르준은 포카라 인근 지지리까라는 마을에서 태어나고 자란 친구라 근처 마을에 대한 정보가 많았다.

네팔 정부는 커뮤니티 홈스테이 마을 등록을 공식적으로 받고 있었다. 이미 인근 마을들에서는 농사일 이외의 부수입을 위해 정부에 등록을 마친 상태였으나 홍보할 방법이 없어 힘들어했다. 포카라를 중심으로 동, 서, 북으로 나눠 총 여덟 개 코스로 잡은 뒤 아르준과 마을 답사를 떠나기로 했다.

적어도 20~30개의 마을을 걸어야 하는 답사였다. 본격적인 우기가 오기 전에 마을 답사를 마쳐야만 했다. 코스마다 일정을 짜고 마을 분들과 연락하고 그렇게 매일매일을 땡볕에 걸었다. 포카라 인근 산간마을을 걸어서 모두 다녀볼 기회가 언제 또 있을까 싶어 열심히 걷고 마을 분들과 이야기를 나눴다.

어떤 마을은 여성분들이 홈스테이 운영위원회의 주축이었지만 어떤 곳은 카스트제도로 어려움이 많다 했다. 신분을 나누는 카스트제도가 법적으로 폐지되었다고 해도 네팔 사회 내 존재하는 경계선은 분명하다. 마을들의 내부 갈등도 그러했다.

마을 내 달릿^{불가촉천민}이라 불리는 계층은 청결하지 못하며 술을 많이 마셔 같이 홈스테이를 운영하기 힘들다 토로했다. 결국 달릿 계층은 주변부로 남아 마을에 손님이 오는 걸 달가워하지 않았고 마을 행사에도 참여하지 않았다. 쉽지 않은 여정이었지만 직접 만들어 쓰시는 농기구, 할머님들의 유머, 염소들과 말린 호박들을 보며 평온함을 느꼈다.

두 달 동안의 답사가 마무리되어 가고 있었다. 여행자들이 걸어야 하는 시간을 직접 걸으며 계속 점검하고 마을마다 특징이 될 만한 장소와 체험들을 뽑아냈다. 걸으며 마을 이야기를 듣는 것이 너무 좋았지만, 우기가 시작되면서 다리에 거머리가 들러붙으면 입에서 욕이 나오기도 했다.

포카라에서 예전에 살던 카트만두를 그리워했다. 카트만두에는 만날 수 있는 지인들과 문화생활이 있어 좋았다. 포카라에 처음 왔을 때 계속 그런 것들과 비교했다. 하지만 이젠 카트만두만 가면 몸이 아프다. 매연과 차들, 사람들로 정신이 없다. 포카라에 오면 평온함을

느낀다. 포카라 사람들이 항상 하는 말이 있다. 카트만두 같은 곳에서 어떻게 사느냐고 나도 이제 포카라 사람이 되었나 보다. 판차세라는 마을에 갔을 때 마을 어머니가 나에게 엄청난 이야기를 해주셨다.

"아샤, 너는 신이 한가하실 때 만드셨나 봐. 이렇게 이쁘게 만든 걸 보니……."

오! 힌두신이여. 어머니 글을 쓰셔야겠어요.

90

홈스테이 하이킹 www.nepalvillagehike.com
한국어, 중국어, 영어 소개서를 내려받을 수 있으며
2023년 7월까지만 운영된다.

우리에게
필요한 시간

◇◇◇

네팔에 사는 교민이 700명 정도라고 한다. 포카라는 그중 100명 정도가 산다고 하는데 나는 종교활동도 하지 않고 교민들이 모여 사는 동네에 살지도 않아 만날 일이 거의 없다. 포카라에 있으면 간혹 지인들이 오기도 한다. 지인의 소개로 오는 여행자들을 만날 때도 있고 내 첫 번째 책에 적혀있는 이메일 주소로 만남을 요청하는 독자들도 있다.

저기 호수 앞에 두 명의 남자가 앉아있다. 그 둘은 트레킹 중에 만나 친구가 되었고 그중 한 명은 내 친구의 지인이다. 이 둘은 포카라에서의 마지막 밤을 맞이하고 있다. 모두 저마다의 이유를 가지고 포카라를 찾는다. 대기업에 다니다 우울증이 찾아와 어렵사리 한 달 휴가를 받고 트레킹을 왔다는 남자는 다양한 사연을 가지고 온 여행객들의 모습이 신기하기만 한가 보다. 가족을 떠나 간만에 혼자가 된

이 남자는 트레킹 하는 동안 눈물을 흘렸다고 한다. 가장도 아니고 직장인도 아닌 나라는 존재 자체로 떠난 히말라야 트레킹이 이 남자에게 어떤 의미였을까.

잠시 흘러가던 삶에서 멈추고 기존의 환경에서 벗어나 새로운 자연을 만난다는 것 말이다. 중년여성끼리 온 여행팀, 대안학교에서 선생님과 같이 온 학생들, 일본 해외 취업을 앞두고 잠시 여행 온 젊은 친구, 홈스테이 마을을 소개해달라던 대학생, 인도와 네팔을 거쳐 더 여행하고 싶다는 젊은 여성 등 다양한 군상의 사람들을 만났다.

철학을 공부한다는 매력적인 젊은 여성이 나에게 질문을 쏟아붓기 시작했다. 네팔이 왜 좋은지, 이 나라 사람들에 대해 어떻게 생각하는지, 친한 친구랑 만나는 장소로 네팔이 좋다고 생각하는지, 무엇을 공부했는지 묻다가 갑자기 "사랑이 무엇이라 생각하세요?"라고 묻는다. 그날 나는 다른 모임이 있어 긴 이야기를 나누지 못하고 헤어졌는데 그 친구가 아쉽다며 다시 만나고 싶다는 메시지를 보내 왔다. 아쉽게도 우린 다시 만나지 못했고 나는 좋은 여행을 하라고 마무리하였는데 그녀다운 답장이 왔다.

"좋은 여행이란 게 무엇인가요?"

내가 만났던 여행자들이 여행을 통해 얻고자 했던 것이 무엇이었을까? 그냥 그들에게는 그 시간이 필요했을 뿐이다. 우리에겐 각자의, 저마다의 삶에서 떠나온 여행 이야기가 있다. 페와호수에 담겨 있는 이야기들이 흔들리는 밤이다. 다들 잘 지내고 있나요?

인간이 문제

◇◇◇

시청으로 환경 단체 사람들이 찾아왔다. 호수 인근에서 노점으로 라면을 파는 이들을 단속해달라고 했다. 호수에는 시청에서 관리하는 쓰레기통도 없을뿐더러 라면을 먹고 온갖 봉지를 호수길에 버려 문제가 심각하다. 히말라야라는 천혜의 자연을 가졌으니 청정지역일 것이라 생각하고 오는 여행객들은 네팔에 와서 쓰레기 문제에 놀란다.

수도 카트만두는 분지 형태로, 오래된 자동차의 매연과 쓰레기 매립지가 부족하고 시스템이 부족해 개인적으로 동네 공터에서 쓰레기를 태워 발생하는 연기로 하루하루가 뿌옇다.

전통적으로 강가에서 화장하는 문화이다 보니 시체를 태우면서 발생하는 공기 오염 또한 심각해 최근 정부에서 나무로 시체를 태우는 화장이 아닌 기계시스템을 도입했지만, 네팔 사람들은 기계에는 전통과 혼이 담겨있지 않는다며 사용을 거부해 이용도가 낮고 기계는 이미 고장났다. 분리수거 시스템은 전무하고 사람들은 쓰레기를 강가에 내다 버린다.

이로 인해 호흡기질환으로 사망하는 네팔인들의 숫자는 점점 늘고 있다. 최근 포카라에는 비닐봉지, 라면 봉지, 플라스틱을 재활용해서 만든 도로가 생겼다. 더불어 태양열 가로등이 100개 설치되었는데 이는 중국 정부가 지원해주었다. 중국 정부는 포카라시에 태양열 가로등 기증식을 하며 티베트 포탈라궁의 사진을 전달했다. 중국의 것도 아닌 티베트의 대표적인 포탈라궁의 사진을 전달하며 티베트도 중국이라는 메시지를 네팔 정부에도 심어주고 싶었나 보다.

등반가들이 산에다 버리고 온 텐트, 등반 장비, 산소통으로 히말라야는 썩어가고 있다. 짊어지고 내려오지도 못할 것들을 왜 들고 올라가는지 이해할 수 없다. 등반가들은 산에 올라가기 전 네팔 정부에 쓰레기 보증금을 예치해두고 간다. 가지고 내려오면 보증금을 돌려받을 수 있지만, 그들은 쓰레기를 산에 예치해두고 떠난다. 나 또한 트레킹 갔을 때를 돌이켜보면 적응하기 쉽지 않은 척박한 환경 속에서 단 일주일이었지만 편리함을 위해 물티슈, 핫팩 등을 싸 들고 갔던 기억이 난다.

2년마다 내 집 없이 이사를 해 상자 몇 개가 내가 가진 짐의 전부지만 네팔에서 새로운 집을 구할 때마다 다시 쇼핑하기에 바쁘다. 버리고 떠나고 정착하며 다시 사는 것을 반복했다. 인간이 개인의 만족감과 편리를 위해 부지런히 움직이는 이상 자연 또한 부지런히 사라질 것이다. 결국, 인간이 문제다.

강은 아래로
빠르게 흘러간다

◈◈◈

오늘은 엉망진창이다. 날은 미친 듯이 덥고 목은 아프고 회의 결과는 엉망인데 갑자기 포카라에서 의지할 곳이 없다는 설움이 밀려왔다. 그냥 아무것도 생각할 수 없고 지금 이 기분을 어디다 말하고 싶은데 쉽지 않다. 그때 동생한테 연락이 왔다.

"언니, 할머니 돌아가셨어."

아르준을 불러 펑펑 울고 짐을 싸고 항공권을 알아봤다. 짐을 싼 후 엄마한테 연락하니 오지 말라고 하신다. 포카라에서 할머니가 계신 곳까지는 너무 먼 길이라 발인보다 늦을 테고 100세 가까이 사셨으니 호상이라며 멀리 있는 길을 피곤하게 올 딸 걱정을 더 하시며 나를 계속 안심시키셨다.

우리 할머니는 일찍 혼자가 되셔서 아빠와 고모를 어렵게 키우셨다. 아들을 낳지 못했다며 엄마를 한순간도 편하게 해주시지 않으면

서 시집살이를 시키셨다. 할머니는 항상 먹는 거 잘 챙겨 먹고 사람
은 발이 편해야 한다며 다른 건 아껴도 신발만큼은 좋을 걸로 사 신
으라 하셨다.

나는 계속 내 신발만 쳐다보며 동생과 제부에게 미안한 감정을 느
꼈다. 네팔에 살면서 가끔 한국에 가면 엄마, 아빠가 늙어가시는 게
보였다. 특히 아빠는 빠른 속도로 나이듦을 보여주셨다. 멀리 떨어져
있다 보니 제대로 챙겨드리지도 못한 채 동생네 부부에게 다 맡기는
것 같아 점점 고민이 많아졌다.

아르준에게 부탁하여 강 옆에 있는 불교사원으로 향했다. 강가 불
교사원에는 돌아가신 분들을 화장하고 기도를 드리는 장소가 마련되
어 있었다. 할머니의 쉽지 않았던 삶을 돌아보며 이제는 편히 쉬시라
며 촛불을 켜고 기도를 드렸다.

"할머니, 가시는 길에 큰손녀가 가보지 못해 죄송해요. 이제 무거
웠던 삶 내려놓으시고 편히 쉬세요. 죄송하고 또 죄송합니다."

강 옆으로 돌과 모래를 채취하는 노동자들의 손놀림이 쉴새 없이
이어졌다. 강은 계속 아래로 빠르게 흘러가고 있었다.

산책의 간격

◇◇◇

네팔은 아직 추로 무게를 잰다. 과일과 채소를 살 때도 토마토를 한 움큼 쥐거나 오이와 양배추를 살 때도 몇 개의 추를 얹어 저울의 무게를 맞춘다. 아침과 저녁 시간에 손수레에 채소를 잔뜩 실은 아저씨가 동네 한 바퀴를 도신다.

'적당함'을 재는 방법. 적당한 거리, 적당한 마음이란 무얼까? 사람과 사람 사이의 적당한 거리와 마음은 어느 정도의 균형이 필요한 것일까? 사람과 사람 사이의 적당한 거리와 마음은 추로 저울을 맞추듯 잴 수 없다. 네팔 친구가 나에게 이야기했다.

"람로 만체 후누 뻐르처?" 한국어로 말하면 "모두에게 좋은 사람이 돼야 하니?"란 뜻이다. 피터 팬 콤플렉스의 '산책의 간격' 노래나 들어야겠다.

나를
확인하는 방법

◇◇◇

부모님을 떠나 혼자 살아온 시간이 길다. 누구는 내가 독립적인 사람인 것 같다고 칭찬을 해줬고 간혹 누군가는 외롭지 않냐며 외로움을 어떻게 달래는지 방법을 알려달라는 뜬금없는 질문을 했다. 나는 매우 외로움을 타는 사람이다. 겉으로는 아닌척해도 집에 혼자 있는 시간이 많아지면 가끔 혼잣말도 한다.

비 오는 일요일 아침이었다. 참석해야 하는 마을 회의가 있어 마을을 다녀와 집에 혼자 들어오는데 미치도록 외로웠다. 하루는 포기하고 싶다가, 하루는 희망으로 바다도 없는 네팔에서 수면 위로 떠오르고 가라앉기를 반복할 때가 많았다. 불안이 나를 갉아먹지 않고 오롯이 나만의 존재로 행복하길 되뇌지만 쉽지 않다.

후배가 나 혼자라도, 혼자로 행복해야 한다고 이야기해 주는데 불안감만 밀려온다. 부끄럽지만 가끔 내 존재감을 다른 사람에게서 찾

113

으려고 했던 적이 많다. 칭찬받고 싶고 인정받고 싶은 마음을 확인받아야 내가 존재하는 것 같고 행복하다고 생각했다. 매번 기대하고 실망하며 내 존재의 정당성을 확인받으며 내 자존감을 한없이 낮췄다. 내가 사라지는 것 마냥.

외로움을 달래기 위해 음악을 듣고 술을 마시고 쓸데없는 문자를 보내고 자책하다가 정신 차리고 명상 책을 읽고 자연을 찾아 나서길 반복했다. 나에게 맞는, 나를 치유해 줄 어떤 행위가 필요한 건 맞지만 행위보다 내 존재에 대한 인정이 더 필요한데 그게 쉽지 않다.

오늘도 나를 위로하기 위해 새벽부터 빨래를 널고 티베트 불교사원으로 향했다. 오늘은 토요일이라 스님들이 쉬는 날인데도 사원에서 공부하는 꼬맹이가 문을 열어주었다. 성스러운 물을 마시게 하고 머리에 뿌리게 하더니 머리에서 가슴으로 가슴에서 발끝으로 이어지는 절을 시키고 향을 피우고 사원을 돌게 했다.

잠시 혼자 있고 싶다니 엄마 아빠 이름을 부르고 기도를 드리란다. 토요일만 빼고 매일 오후 4시 스님들과 기도시간이 있으니 다시 와서 버터 램프를 켜라고 했다.

우리는 매일 외롭고, 방황하며 나의 존재를 확인받기 위해 애쓴다. 그렇게 애쓰지 않아도 나는 나로 충분하다. 그리고 외로워한다는 것은 부끄러운 일이 아니다. 오늘도 나에게 지인이 물었다. 외롭지 않냐고. 나는 이제 씩씩하게 외롭다고 대답한다.

나만의
우선순위 정하기

◇◇◇

네팔에 살면서 가장 궁금한 지역은 극서북쪽 히말라야다. 2013년 네팔에 처음 와서 만나게 된 다큐멘터리 감독도 그쪽에서 다큐멘터리를 촬영했고, 유명한 프랑스 사진작가 겸 다큐멘터리 감독인 에릭 발리도 그쪽 지역을 다루었다. 서북쪽은 생활환경이 매우 척박하고 고립된 지역이라 더불어 사람들의 삶도 고단하지만 그만큼 미지의 세계로 가려져 있어 궁금증을 더하는 곳이다. 접근성도 매우 떨어져 쉽게 갈 수 있는 지역이 아니다 보니 많은 사람이 그곳에 더 가고 싶어 한다.

최근에 읽은 네팔 간호사의 책을 보며 이 지역이 더 가고 싶어졌다. 〈줌라Jumla〉라는 책으로 네팔 간호사 라다 파우델Radha Paudel이 실제 경험한 이야기다. 다른 네팔인들보다 평균 수명이 18세나 낮은 줌라 지역에 관해 이야기해 준 아버지와 항상 여성 평등을 이야기한 어머니 밑에서 자란 이 여성은 간호사가 된 후 2002년 마오이스트 내

전 시기 위험한 줌라로 떠난다.

밤마다 총소리와 폭탄 소리를 들으며 마을의 주민들을 위해 끝까지 남았던 이 여성은 정부 일자리를 버리고 2010년 'Action Works Nepal'이라는 단체를 만들고 지금까지 간호 일을 넘어선 여성 인권, 평화운동을 이어나가고 있다. 네팔인이지만 완전 다른 환경의 줌라를 새롭게 배우려 했고 자신이 처한 처지를 넘어 새로운 길을 만들어가는 이 여성의 관점과 도전이 정말 멋졌다. 네팔에서는 부모님이 돌아가셨을 때 아들이 아니면 장례를 치를 수가 없지만, 이 여성에게 그런 차별적 관습은 문제가 되지 않았다.

사람들에게는 우선순위를 정할 때 각자의 가치가 존재한다. 그녀는 편한 삶을 택하는 대신 가장 필요한 곳에 그것도 전쟁 시기에 본인의 쓰임을 두었다. 아무도 쉽게 가려 하지 않는 곳에서의 무엇인가를 누구나 한 번쯤 꿈꿔보지만, 현실에서 우선순위를 따지다 그 꿈들은 뒤로 밀린다.

나는 요즘 두 가지 꿈을 꿔본다. 헬레나 호지 여사의 〈오래된 미래〉 책의 배경인 인도 라다크에 있는 대안학교에 가보는 것과 네팔의 리미밸리에 가보는 것이다. 라다크의 대안학교에서는 생태건축, 생태에너지, 사회적기업, 책임여행 등의 과목을 공부할 수 있다. 우리가 배워야만 했던 수업이 아니라 내가 진정 관심 있는 것들을 공부할 수 있어 꼭 한번 가보고 싶은 곳이다.

리미밸리는 앞에서 말한 네팔 극서북쪽 지역이다. 네팔이란 국가는 가로로 길게 생겼다. 지도를 펼치고 가장 서쪽으로, 그리고 다시 가장 북쪽으로 가면 훔라Humla라는 주가 나온다. 지도에서 가장 극서북 지역이다. 티베트 자치구 국경선에 붙어 있는 리미Limi라는 지역은 티베트 사람들의 성지인 '카일라스Kailash' 산으로 가는 길목에 있다.

네팔에 살아도 처음 듣는 민족 이름이 매일 생긴다. 닌바Nyinba 민족은 티베탄 문화를 간직하고 있는 훔라주에 사는 민족이다. 훔라에는 여섯 개의 소수민족 언어가 사용되며 4백 년에서 천 년도 더 된 티베트불교 사원이 있는 곳이다. 문화혁명 때 티베트 지역의 사원은 많이 파괴되었지만, 국경선 하나로 네팔로 속한 이 지역은 다행히 파괴되지 않고 보존되었다. 산으로 막혀 강수량이 적은 곳이라 네팔에서 트레킹을 하기 힘든 우기 시즌이 이곳을 방문하기 좋은 시기다.

일처다부제와 서티베트의 문화가 그대로 남아있다는 곳, 그곳에 가고 싶은 게 두 번째 꿈이다. 네팔어로 '시마나'라는 국경Border이란 단어는 사람의 마음을 설레게 한다. 내 삶의 우선순위를 정할 때 가졌던 가치들을 떠올려보며 현실에 안주하지 않고 새로운 것들을 꿈꿔볼 수 있는 상상만으로도 행복하다. 국경이란 단어는 그 경계 속에서 갇히는 게 아니라 뛰어넘는 것이다. 이 오묘한 지역을 한참 쳐다본다. 지도 끝, 국경선에 설 날을 기대해 본다.

설연화

◇◇◇

미누다이가 심장마비로 세상을 떠나셨다. 네팔 최대의 축제이자 명절인 더사인이었다. 작년 더사인 때 작은누나네 집에 초대해주셔서 명절다운 명절을 보냈는데 그가 갑자기 세상을 홀연히 떠났다. 네팔로 돌아와 그 누구보다 열정적으로 삶을 살아가던 그가 왜 세상을 떠나야 하는지 이해할 수 없었다.

미누다이를 마지막으로 뵌 건 여름이었다. 망고 빙수를 먹으며 항상 누군가를 위해 넓은 품을 내어줄 준비가 된 그의 열정적인 이야기를 들었던 여름이었다. 마지막으로 가시는 길을 보기 위해 카트만두 버스에 올랐다. 작년 더사인 때 미누다이의 다큐멘터리를 촬영하기 위해 오셨던 감독님도 한국에서 와 계셨다.

나는 이제껏 죽음이 나의 삶과는 상관없는 일이라 생각했다. 삶과 죽음은 뗄 수 없는 것일지라도 나는 살아감만을 생각하며 살아왔다.

그런데 지금은 내 주변으로 들어온 죽음이란 것에 대해 생각해보게 된다.

한순간에 소중한 사람이 사라진다는 것, 남은 사람들은 그 사람을 그리워하며 애도한다는 것, 그리고 다시 일상으로 돌아간다는 것. 이 모든 것들이 갑자기 다가왔다. 그가 떠났다는 사실이 너무 애석하다. 작은 체구에서 뿜어져 나오던 인자함과 열정이 계속 생각난다. 작년 더사인 때 나에게 누룽지를 건네던 그가 생각난다. 이럴 순 없다.

설연화라는 꽃이 있다. 히말라야 3,000~4,000m 설산 바위틈에 자란다는 꽃. '겨울에 피는 연꽃'이란 뜻의 설연화雪蓮花. 이름이 참 예쁘고 슬프다. 하지만 혹독한 강추위의 눈을 뚫고 피어나는 강인한 그 꽃은 미누다이를 닮은 듯하다.

미누다이, 잘 가요. 편히 쉬세요.

망설이는
사람

◇◇◇

예기치 않게 만난 분께서 아침에 직접 만든 거라며 팔찌를 선물해 주
셨다. 엄마를 쫄래쫄래 따라 온 이빨 빠진 여자아이가 나를 놀리고
싶다는 듯이 쳐다본다. 옆에 있던 꼬맹이에게 내 이름이 아샤^{희망}라
고 소개했더니, 한순간의 고민도 없이 나에게 말한다.

"힘은 있지만 망설이는 사람."

내 이름을 듣고 그런 말을 하는 여덟 살짜리 꼬맹이를 보며 난 갑
자기 부끄러워졌다. 망설이는 사람이라니……. 꼬맹아, 어른이 된다
고 해서 다 아는 건 아니란다. 어른이 되어도 모르는 것 천지란다.

인간과
자연의 공존

◇◇◇

안나푸르나 라운딩코스는 트레커들에게 인기가 많은 코스다. 다양한 코스로 갈 수 있지만 보통 카트만두에서 차로 베시사하르까지 이동한 후 베시사하르에서 출발하여 차메를 거쳐 마낭에서 고도 적응을 하고 가장 어려운 토롱라5,416m를 넘어 묵티나트, 좀솜으로 내려오는 코스인데 토롱라를 넘지 못하면 다시 되돌아 내려와야만 한다.

네팔에 살면서 트레킹을 여러 번 했지만 나는 천천히 걷는 것이 좋은 것이지 트레킹에 능숙하진 못하다. 4,000m가 넘으면 고산증이 어김없이 찾아왔고 그래서 너무 힘든 경험을 했다. 하지만 자연이 주는 감동과 걷기가 주는 기쁨을 잊을 수 없어 그때의 힘든 경험은 어느새 잊어버리고 다시 길을 떠나기 일쑤였다.

빛의 축제인 띠하르를 이용해 토롱라를 넘기 전 네팔에서 가장 높은 호수인 틸리초4,919m로 가기 위해 베시사하르로 떠났다. 네팔이 발전하면서 산악지대 도로는 점점 확장되었고 이 지역도 예외는 아니었다. 예전에는 걸어야 했던 길을 지금은 베시사하르에서 마낭3,500m까지 비포장이지만 찻길이 개발되어 마낭까지 걷지 않아도 되었다. 토롱라를 넘어 묵티나트에 도착하면 묵티나트에서 좀솜까지도 걸어야 했던 길에 포장도로가 깔려 결국 앞뒤로는 차로 이동하고 마낭에서 묵티나트까지만 걸으면 되는 코스로 바뀐 것이다. 차를 타고 가는 내내 미안한 감정이 들었던 때가 있었다. 비포장도로를 걸어서 가는 트레커와 주민들 옆으로 우리의 차가 흙먼지를 휘날리며 지나갈 때였다.

아직 베시사하르에서부터 온전히 걷고 싶은 트레커들에게는 새롭

게 난 길이 반갑지 않을 것이다. 하지만 지역주민들에게는 반가운 길이기도 하다. 예전에 디스코팡팡을 타는 듯한 로컬버스를 13시간 타고 포카라에서 좀숨에 간 적이 있었다. 비포장 길을 13시간 달리니 정신이 혼미해지는데 마을 어르신들이 이야기하시길 예전에는 4~5일을 걸어서 오셨던 길을 이젠 하루 만에 올 수 있게 된 것이란다.

지역 주민들에게는 이동의 편리성이 확보되어 좋은 일이지만 여행객들에게는 예전 같은 정취를 느낄 수 없게 됐다. 그래서 최근에는 새로운 루트를 찾아 나서는 트레커들이 많이 생겨 사람이 찾지 않던 곳에 여행객들이 나타나게 됐다.

최근 히말라야의 빙하가 지구온난화로 계속 녹고 있다. 그로 인해 농업을 주로 삶의 기반으로 두는 네팔 사람들의 삶에도 변화가 찾아오고 있으며 산에는 쓰레기가 넘쳐나고 있다. 인간과 자연의 공존, 지역 주민과 여행객들의 이해관계가 상충하고 있다. 서로 공존할 수 있는 길은 없는 것일까.

네팔에서
가장 높은 호수,
틸리초

◈◈◈

'초Cho'는 티베트어로 호수라는 뜻이다. 틸리초는 네팔에서 가장 높은 호수다. 포카라에서 매일 페와호수를 보고 살지만 틸리초로 떠나기 위해 거쳐야 하는 마낭Manang이라는 지역도 가보고 싶었기 때문에 몇 달을 꿈에 그렸던 트레킹이었다. 카트만두1,350m에서 마낭3,500m까지 지프차로 바로 왔기 때문에 마낭에서 고도 적응이 필요했다.

전날 마낭으로 올라오던 길에 우리 지프차 앞바퀴가 갑자기 빠지면서 큰 사고로 이어질 뻔한 일이 있었다. 옆은 계곡 길이었고 우리 차는 그 좁은 길 중간에 멈춰버렸다. 위아래에서 오던 지프차들은 우리 차 때문에 오도 가도 못 하게 되었다. 하지만 척박한 환경에서 사는 네팔 사람들은 뭐든지 가능하다. 차에서 가이드와 포터들이 내리더니 지프차를 들어 옆으로 옮겨버렸다. 모두 환호성을 지르고 박수를 치고 인사를 하며 우리만 남겨두고 다 떠나버렸다.

방법이 없었다. 새로운 지프차가 올 때까지 기다리는 수밖에. 저녁이 다 돼서야 지프차가 왔고 마낭까지 다시 길을 떠났다. 그 낭떠러지 절벽 길을 밤이라 어두워서 못 보고 왔으니 망정이지 밝은 날 왔다면 눈감고 왔어야 했던 길이었다. 자정이 다 되어 도착한 마낭의 냄새를 깊게 들이마셨다.

마낭은 구릉 민족이 대부분 거주하는 지역으로 불교를 많이 믿는다. 척박한 히말라야 풍경 사이에 자리 잡은 마낭이란 지역은 매력적이었다. 마을을 둘러싸고 있는 히말라야, 그 아래 푸르른 호수와 지붕 없이 건조하게 지은 집들의 구조와 들판을 뛰어다니는 양과 불교 사원. 마낭만의 냄새가 풍겨온다.

여행객들로 인해 이미 관광 산업화한 지역이지만 마낭만의 느낌이 전해져온다. 그들이 켜켜이 쌓아온 그들의 문화와 정서가 배어있는 마을이었다. 아침엔 티베트 라싸에서 맡았던 주피터 향이 마을에 퍼졌다. 고도 적응을 마친 후 캉사르, 시리카르카카르카는 목초지란 뜻이다를 거쳐 틸리초 베이스캠프까지 가는 길은 경이로워서 또다시 고산병을 잊게 했다. 인간이 감히 범접할 수 없는 신이 내린 선물이었다.

하지만 다음날 새벽 드디어 틸리초로 가는 마지막 날은 정말 죽음의 문턱을 경험하는 여정이었다. 동도 트기 전 출발해서 틸리초로 가는 길 내내 내 신체의 한계를 여러 번 느꼈다. 숨은 턱까지 차서 턱이 아플 정도였고 정신은 혼미했고 다섯 발자국을 못 내디디고 쉬어야만 했다. 바위에 걸터앉아 있는데 나처럼 헉헉거리는 중국 남자가 보였다. 내 처지는 생각도 못 하고 천천히 걸으라는 말을 건넸지만, 그는 내가 건넨 말이 민망하게 앞서 나갔다.

'이 언덕만 지나면 나올 거야, 이 길 끝엔 호수가 보일 거야'를 몇 번이나 반복하며 희망 고문을 하던 가이드는 이미 사라진 지 오래다. 내가 한자어 '갈지之'자를 그리며 비틀거리는 순간 오랫동안 친구로 지냈던 우리 팀 가이드 라마는 앞서간 팀원들과 이미 호수에 도착했고 내가 늦게 오니 결국 나를 찾으러 내려왔다. 나의 신체적 한계를 받아들여야 하나 생각하는 순간이었다.

매번 트레킹할 때마다 고민의 순간들이 찾아왔다. 결과보다 계속 걸으며 내 마음속에 담았던 그 길들의 과정이 소중할 텐데 목표한 곳을 꼭 가야만 한다는 생각으로 매번 갈등하곤 했다. 바라왔던 곳이기에 더 안타깝고, 얼마 남지 않은 길을 남겨두고 신체적으로 무너질 때는 괴롭기도 했다. 하지만 2년 전 랑탕 트레킹 때 목표지점인 체르코리를 눈앞에 두고 내려온 이후로는 그냥 그 순간을 즐기자며 마음을 내려놓았는데 다시 마주한 내 모습은 같은 고민을 반복하고 있었다.

라마가 내 모습을 보더니 어깨를 감싸 안으며 이야기를 해줬다.

"아샤, 너는 힘들어도 왜 힘들다고 말을 안 하니? 네가 힘든 내색을 안 하길래 잘 걸어올 줄 알았어. 너를 보면 네 내면의 힘이 강하다고 생각했었어. 다시 너를 한 번 믿어봐. 저 앞이 호수야. 조금만 더 걷자."

라마가 이야기하는데 주변을 둘러보니 빙벽으로 둘러싸인 산이 보였다. 차마 글로 표현할 수 없는, 내가 다 설명할 수 없는 장면이었다. 조금이라도 내가 글로 부족하게 설명할까 봐 조심스럽다.

"라마, 내가 지금 천국에 와있니? 내가 지금 보고 있는 게 천국이니?"

"하하하, 아샤. 여기는 지구야. 넌 지금 내 눈앞에 있다고."

라마에게 질질 끌려 호수에 도착했다. 그런데 내가 생각했던 호수에 대해서는 정작 별 큰 감흥이 없었다. 늦게 도착하여 호수에 오래 머물지 못해서 그랬을지도 모르지만, 오히려 호수 외의 다른 것들이 더 기억에 오래도록 남았다. 불교사원에서 내려다본 마낭 마을의 풍경, 아침에 풍기던 주피터나무의 향기, 한 발만 잘못 내디디면 바로 낭떠러지였던 길들과 빙벽으로 둘러싸인 산들, 내 마음속에 남은 것들은 호수까지 갈 수 있게 나에게 힘을 주었던 풍경들이었다. 호수가 아니었다.

앞으로도 나는 또 나의 신체적 한계를 잊고 트레킹을 떠날 것이다. 그리고 똑같은 갈등 속에서 똑같은 질문을 하며 걷고 있을 것이다.

Part 2

지금,
이 순간만으로도
행복합니다

2019년 여름

◇◇◇

나는 이번에도 부모님을 설득하고 있었다. 2013년 처음 네팔에 일하러 떠나올 때도, 그 후로 매번 네팔에 더 머물기 위해 '이번이 마지막이야'라며 부모님을 설득하곤 했다.

2019년 여름 나는 네팔에서 새로운 일을 제안받아 잠시 한국에 들어갔다. 새롭게 제안받은 일로 들떠있었고 아직 네팔에서 할 일이 남았다는 것에 기뻤다. 하지만 가족들은 힘이 들 때나 기쁠 때나 가족 곁에 있지 않은 큰딸에 대한 걱정과 아쉬움이 가득했다. 부모님은 여동생 대신 손자를 키우느라 매일 늙고 계셨는데 내가 한국에 갔을 때 새로 태어난 쌍둥이 조카가 이제 갓 5개월이었다. 첫 손주를 키우느라 5년을 보내셨는데 쌍둥이 조카가 태어난 것이다. 갑자기 태어난 쌍둥이 조카들이 예뻤지만, 한편으로는 여동생이 야속하고 부모님을 보며 속상했다. 왜 자기 욕심에 부모님을 고생시키는지 이해할 수가 없었다.

나의 한국 휴가는 조카들 돌봄 육아로 정신이 없었다. 오랜만에 못 만났던 사람들을 만나고 싶었지만 그러지 못했다. 하지만 1년 중 잠시였다. 내가 가족과 함께하는 시간은. 힘들어하는 엄마와 여동생을 보며 집에 머무를 수 있는 만큼 머물다 돌아가자고 생각했다. 내가 가족에게 할애하는 시간이 휴가 그때뿐이었기 때문이다.

나는 한 번도 내 자식을 가지고 싶단 생각을 해 본 적이 없었다. 누군가를 만나 같이 살게 되더라도 생물학적으로 여성만이 할 수 있는 아이를 갖고 싶다는 생각은 단 한 번도 해 본 적이 없었다. 결혼에 대한 환상도 없었으며 무엇인가 책임져야 할 존재가 생긴다는 것 자체에 부담감을 느끼는 이기적인 사람이었다.

하지만 내 여동생은 너무 달랐다. 일찍 안정적인 가정을 꾸리고 자식에 대한 욕심도 컸다. 여동생과 나는 달라도 너무 달랐다. 나는 항상 가족에서 멀리 떨어져 지냈다. 뭐가 우리를 이렇게 다르게 만들었는지 항상 의문스러웠다.

일상적인 날

◇◇◇

일상적인 나날이었다. 이른 아침 6시 쌍둥이 조카들이 울기 시작했
고 우유를 먹이고 기저귀를 갈고, 큰 조카는 어린이집에 가는 날이었
다. 여동생은 출산휴가를 마치고 복직을 했다가 상황이 여의치 않아
다시 육아휴직을 신청하러 회사에 출근하는 날이었기에 내가 큰 조
카를 어린이집에 데려다줬다. 조카를 어린이집에 데려다주고 여동생
에게 카카오톡으로 사진을 보내줬다.

　회사에서 육아휴직 신청을 마친 여동생은 삐끗한 손가락이 아파
한의원에 들렀다가 안경원에서 안경을 고치고 오겠다고 했다. 점심
시간이 되어 들어온 동생을 위해 엄마는 동생이 좋아하는 소고기를
구우셨다. 채식을 7년간 하다 포카라에 살면서 고기를 다시 먹기 시
작한 나는 오랜만에 엄마가 차려준 밥상을 해치웠다. 점심을 먹은 후
동생은 큰 조카를 어린이집에서 데려왔고, 볼일이 있어 잠시 외출 준

비를 했다.

집에서 애만 보다가 간만에 회사에 갔던 날이라 예쁘게 차려입은 날이었다. 리본이 달린 윗도리에 통이 넓은 하얀색 정장 바지 그리고 리본이 달린 플랫슈즈를 신고 나갔다. 집을 나서는 여동생을 보며 오래간만에 예쁘게 입었다 생각했다.

그리고 여동생은 집으로 돌아오지 못했다. 모든 게 그냥 평범한 일상적인 날이었다. 여동생이 출근하고 밥을 먹고 이야기를 나누고 조카들의 기저귀를 갈아주며 우유를 먹였던 특별할 거 없던 그저 그런 일상적인 날이었다.

그런데 여동생은 집으로 돌아오지 않았다. 여동생이 남긴 카카오톡에는 "언니, 새우깡 꼬깔콘 고래밥 초코송이 감자깡 바나나킥 몽쉘통통 커피우유 좀 사와."라고 적혀 있었다. 내가 가장 좋아하는 우유는 서울우유 초콜릿 맛이었고 여동생이 가장 좋아하는 우유는 서울우유 커피 맛이었다.

뭐가 잘못된 건지 알 수 없는 날이 지나가고 있었다. 2019년 6월 17일이었다. 10일 뒤 여동생의 생일이 다가오고 있었다.

소설보다
더 소설 같은
우리의 삶

❖❖❖

"○○경찰서로 오셔야 할 것 같아요."

혼자 택시를 타고 가는 내내 손발에 힘이 풀리고 덜덜 떨렸다. 아니길 바랐다. 그냥 작은 사고이길 바랐다. 며칠 치료하면 괜찮아질 정도의 사고이길 바랐다. 그런데 아니었다. 내 바람과는 다르게 경찰서에 내 동생은 없었다. 근처 병원 영안실에 안치되어 있다는 말만 들었다.

경찰은 간단히 여동생과의 사실관계를 물어본다며 조서를 쓰기 시작했고 나는 지금 상황이 꿈만 같았다. 넋이 나간 채로 대답을 했다. 그때 내 등 뒤에서 젊은 여자가 내 앞에 앉아서 나에게 질문을 해대는 남자에게 말을 걸었다.

"선배님, 저녁 뭐 드실 거예요?"

"아무거나 시켜줘."

그렇게 대답하곤 남자는 부인에게 전화를 거는 듯했다.

"장모님께 오늘 일이 늦어져서 못 간다고 전해드려."

내 동생이 죽어서 없는데 이 공간에 있는 사람들은 저녁 메뉴를 고민하고 있다는 자체가 받아들이기 힘들었다. 나는 지금 내 동생과 대화할 수 없고 만질 수 없는데 이들은 아무렇지 않다는 사실을 받아들이기 힘들었다.

지금 나에게, 우리 가족에게 무슨 일이 일어난 건지 알 수 없었다. 하지만 지금 내가 마주한 현실은 소설보다 더 소설 같은 현실이었다. 이 이야기를 엄마 아빠에게 어떻게 전해야 할지 자신이 없었다. 당신이 애지중지 키우던 작은딸이 더는 이 세상에 없다는 사실을 어떻게 알려드려야 할지 말이다.

애도일기 1

◇◇◇

발인하는 날, 엄마에게 제발 오지 마시라고 말하고 병원으로 향했다. 병원에 도착해 마지막으로 동생의 관을 확인하라고 해서 안치된 곳으로 내려가 동생의 관에 손을 대고 하염없이 울었다. 올라오니 어느새 엄마와 아빠가 와계셨다. 아빠는 동생의 영정사진을 마주하지 못한 채 저 멀리 복도 소파에 앉아계셨고 안에서는 엄마가 동생의 재를 담을 항아리를 안고 쓰러져 계셨다.

　운구차가 떠나야 할 시간이 되어 병원에서 관을 옮기는데 엄마는 몇 번이나 관으로 달려가시며 동생의 이름을 부르짖으셨다. 나라도 정신을 붙잡고 있어야 했다. 이동하는 차 안에서 엄마는 동생의 영정사진을 품에 안고 계속 동생의 얼굴을 쓰다듬으셨다. 화장터는 도저히 못 보시겠다며 차 안에 남아계시겠다 하셨다.

　창문 너머로 동생의 관이 보였다.

"고인을 화장하는 시간은 약 한 시간 정도 걸립니다."

그렇게 이야기하고 담당자는 동생의 주검을 뜨거운 불 속으로 밀어 넣었다.

한 시간 뒤 담당자는 다시 이야기했다.

"고인을 이제 유골함에 담겠습니다. 남은 뼈를 그대로 넣어드릴까요. 아니면 갈아서 보관해드릴까요."

담당자는 최대한 예를 갖추어 진행해 주었고 곧 뼈를 가는 기계 돌아가는 소리가 들렸다. 내 동생이 작은 단지 속에 담겼다.

납골당으로 이동해 동생의 유골함을 안치할 장소를 골라야 했다. 담당자는 햇볕이 들어오는지, 크기가 어떠한지, 눈높이에서 얼마나 떨어져 있는지에 따라 가격이 다르다 했다. 지금 이 순간 그런 돈 이야기를 들어야만 하는 현실이 싫었지만, 누군가는 해야 할 일이었다.

제부는 창가 쪽 햇볕이 드는 곳이 마음에 든다고 했다. 자리를 정하고 유골함을 옮겨 넣기 전에 우리에게 모두 마지막 작별인사를 나누라고 했다. 동생이 담긴 작은 단지를 손으로 어루만지며 하염없이 울었다.

"언니가 많이 안아 주지 못해서 미안해. 그리고 사랑해."

동생을 홀로 남겨두고 집으로 돌아왔다.

애도일기 2

◇◇◇

2019년의 여름은 이렇게 기억되는구나. 네가 황망하게 우리 곁을 떠난 지 벌써 40일이 지났다. 네팔로 다시 떠나기 위해 쌌던 짐을 다 풀고 네팔로 날아가 짐 정리를 하고 돌아왔다. 아직도 이 사실이 믿기지 않고 너는 지금도 문을 열고 들어올 것만 같은데, 너무 보고 싶은데, 나쁜 너는 꿈에도 나타나지 않네.

지옥 같은 시간이 지나고 밖에 용기를 내어 나갔다가도 주변을 둘러싼 모든 사람과 차들이 점으로 보이고 그 속에서 멍한 내 모습만 보여 금방 돌아오게 되더라. 너의 부재로 뚫린 가슴은 영원히 채워지지 않을 것 같다. 슬픔의 크기를 잰다는 것은 가당치도 않으며 매 순간 문득 어떤 사진 앞에서, 어느 장소에서, 어떤 장면에서 무너져 내리고 만다.

괜찮냐고 물어오는 질문들에는 답을 할 수가 없다. 이건 괜찮아질

수 있는 것이 아니라 그냥 안고 살아가야 하는 것 같다. 네가 없는데도 나는 웃고 배가 고프고 미술관도 가고 맥주도 마시고 잠도 잔다. 이래도 되는 건가 싶으면서 일상을 살아내다가도 힘들다. 오늘은 롤랑 바르트의 〈애도일기〉라는 책을 샀다. 앞으로 어떻게 살아내야 할지 아직은 모르겠지만 지금은 이 감정과 시간을 받아들이고 견뎌내며 때론 거부하며 살아볼게.

때론 정신 나간 사람 같다가 때론 일하고 싶다가, 때론 기본적인 사고조차 되지 않지만 지금 내게 주어진 일을 해내며 새로운 경험을 하고 있다.

안고 싶다. 내 동생. 멀리서라도 우리를 지켜봐 주고 머물러 주기를 바랄 뿐이다. 오늘은 꿈에 좀 나와주면 안 되겠니?

애도일기 3

◇◇◇

네가 떠난 지 두 달이 되었다. 사실 내가 내 정신으로 산다고 생각하지 않는다. 내 휴대전화는 항상 무음이다. 전화받을 용기가 아직 없다. 가끔 집 앞으로 찾아오는 이들을 마주할 용기가 생기다가 막상 만나면 주저하게 된다. 온종일 그냥 육체노동을 하고 있다. 그러면 잠시 잊는다. 밤마다 술을 마신다. 뭔가 일을 하고픈 에너지가 솟는다. 그걸 못 하는 게 힘들다가도 힘들지 않다. 그냥 지금은 할 수 있는 것에 에너지를 쏟는다. 누군가의 위로가 필요하기도 아니기도 하다. 내 상태는 미친년 널뛰기다.

37살 나이에 떠난 내 동생.

화양연화花樣年華
인생에서 가장 아름답고 행복한 순간
꽃 화, 모양 양, 해 년, 빛날 화

애도일기 4

◇◇◇

네가 없는, 의미가 달라진 명절이 하나도 즐겁지 않다. 우리 가족에게 새로운 시간이 쌓여가는 중이다. 요즘 나는 죽음, 이별에 관한 책만 열심히 본다. 내가 서점에서 책을 고르고 있으니 친한 후배가 나에게 죽음, 이별과 관련된 책은 그만 보라고 했다. 나는 말했다. 나의 이 흐트러진 감정들을 정리해주는 느낌이라 좋다고.

브라질의 한 종족은 물고기를 잡은 후 가슴에 안고 쓰다듬으며 잘 보내기 위한 애도의 시간을 가진다고 한다.

오늘 사전에서 '애도'라는 단어를 찾아봤다.

애도 MOURNING

고통스러운 것
외부세계에 대한 흥미 상실
상실한 대상에 관한 기억의 몰두

새로운 대상에게 투자할 수 있는
정서적인 능력 감소

너의 옷장을 정리하는데 옷을 버리는 것도, 버리지 않는 것도 쉽지 않다. 버리고 다시 주워 담기를 반복하며 옷을 가슴에 안고 한참을 울었다. 미워하는 마음이 없어졌으면 좋겠다. 그날이 내 머릿속에서 지워졌으면 좋겠다. 물욕, 성욕, 식욕이 없어졌으면 좋겠다. 그런데 반대다.

책을 보다가 '카르마', 즉 업보라는 이야기에 화가 났다. 이 시련이 나의 업보, 우리 가족의 업보란 이야기인가. 네가 떠나고 난 후 많은 것들이 변했다. 관계에 연연하지 않게 됐다. 어차피 안 될 인연은 처음부터 아니었다고 생각하며 집착하지 않고 소중한 인연에 집중하기로 했다. 그리고 무엇인가를 바라기도 바라지도 않는다. 이 세상에 이제 너의 죽음보다 큰일은 나에게 없다. 짜증도 화도 나지 않는다. 네가 죽었는데 그까짓 것들은 일도 아니다. 사랑하며 아끼기에도 모자란 시간이다.

너의 나이만큼 촛불을 켜고 너의 이름을 부르다 왔다. 믿기지 않는, 너의 '죽음'이라는 단어를 말하기에는 가슴 한구석이 계속 저려와 마음이 무너져 내린다. 네가 떠난 후로 내 모든 삶이 정지된 느낌이다. 앞으로 어떻게 살아가야 할지 모르겠지만 살아지겠지. 실컷 안아주지 못해 미안하고. 안고 싶고 만지고 싶은데 상상만 하며 울고 있다. 너의 몫까지 살아낼게. 다시 만나면 우리 꼭 안고 웃자. 사랑하고 미안해.

2019년 가을

◇◇◇

뜨겁고 차가운 감정의 소용돌이를 겪는 날들이 이어졌다. 동생이 세상을 떠난 후 어린 쌍둥이 조카를 데리고 부모님 집으로 내려와 육아를 시작했다. 내 생애 단 한 번도 생각해본 적 없는 일이었다. 슬픈 감정을 추스르고 마음을 달랠 시간적 여유는 허락되지 않았다. 그냥 매일매일 어린 조카들을 돌보며 하루하루를 살아내야 하는 것만이 내 눈앞에 닥친 일이었다.

오히려 그게 나았다. 생각할 시간이 주어졌다면 더 힘들었을 테다. 그냥 육체노동으로 시간을 보내고 생각할 여유를 갖지 않는 것이 나을지도 몰랐다. 오랫동안 같이 살지 않던 부모님과 같이 지내다 보니 싸우는 일도 많았다.

네팔에서 새로 하기로 한 일은 취소했고 사람들도 만나지 않은 채 낯선 곳에서 새로운 환경을 받아들여야만 했다. 답답한 마음에 매일 아파트 단지 내를 걸었다. 걷고 또 걸었다. 내가 숨 쉴 수 있는 유일한 방법이었다. 걷고 걸으며 여름이 지나가고 가을이 오는 걸 느꼈다. 매일 같은 곳을 걸으며 자연이 변화하는 걸 느꼈고 내가 다시 무엇인가를 새로 시작할 수 있을지 모를 불안감과 초조함 속에서 시간을 보냈다. 조카들을 재워 놓고 밤에는 동생 사진을 정리하며 울었고 다음 날 눈을 뜨면 다시 육아를 시작했다.

  걷는 것만이 유일한 위안이었다. 그러다 문득 포카라가 생각났다. 포카라에서 걸었던 마을들과 히말라야 그리고 거기서 만났던 여행자들. 산으로 떠나고 싶었다. 나에게 위로가 되어주었던 그곳이 그리웠다. 다시 돌아가리라 생각해 제대로 된 이별의 말조차 하고 오지 않은 네팔이었다. 여기서 지금 내가 걷는 발걸음과 포카라에서의 일상, 히말라야를 찾아다니던 발걸음이 교차됐다. 그리고 나는 한 단어를 써 내려가기 시작했다.

침잠沈潛
마음을 차분히 가라앉혀서
깊이 사색하거나
자신의 세계에 몰입함

내 가슴은 요동치고 있었다. 2017년을 맞이하던 겨울, 나는 네팔 대지진 때 한 마을이 땅속에 묻힌 랑탕 지역으로 떠나는 트레킹팀을 모아 걸었던 적이 있었다. 그때의 기억은 강렬했다. 그때 알았다. 히말라야는 우리의 슬픔을 품어주고 대신 위로를 내어준다는 것을, 그리고 함께하는 이들과 희망을 나눌 수 있게 해줬다.

나는 2020년 겨울을 맞이하며 함께 떠날 길동무를 찾기로 했다. 나에게 침잠하기가 이 여정의 목적이라 밝히며 팀 이름을 '나의, 히말라야'로 정했다. 살기 위한 몸부림이었다.

나아짐이란

◇◇◇

일본 영화 〈일일시호일日日是好日〉을 봤다. 매일매일 좋은 날이란 뜻
이라고 했다. 영화에는 내가 좋아하는, 이제 고인이 되신 키키 키린
할머니가 나왔다. 영화는 매우 단조롭게 흘러간다. 여주인공은 매일
매일 조금씩 다도를 배울 뿐이고 계절이 매번 바뀌었다. 지극히 평범
한 일상의 반복이지만 그 속에서 행복과 삶의 기본을 배우게 하는 영
화였다.

영화 장면 속에 '움틈'이라는 과자가 나온다. 겉은 갈색이고 위는
꽃봉오리처럼 벌어져 있고 그 속에는 연두색 소가 들어 있는 과자였
다. 겨울의 메마른 땅에서 겨울의 추위를 뚫고 나오는 흙 속의 새싹
을 비유한 과자라고 했다.

부모님과 살면서 조카를 키우는 일상이 반복적이었지만 조카들이
너무 예뻤고 차츰 사람들을 만나기 시작했다. 어둡고 추웠지만 내 마

음속에선 새로운 온기가 생겨나고 있었다. 하지만 이 나아짐이 괴로 웠던 일들을 잊고 나아갈 수 있다는 의미는 아니었다. 동생의 부재는 그냥 마음 한구석에 평생 자리 잡고 있을 일이었기에 마음 한쪽은 뻥 뚫린 채로 살아가리란 생각이 들었다.

사람들을 만나 웃을 때도 마음 한쪽은 아려왔고, 길을 걸을 때도 사람들이 보이지 않았다. 맛있는 것을 먹어도 맛있지 않은 날들이 반 복되는 속에서 작아진 마음을 다시 빚어보려고 애쓰고 있었다.

"저는 제가 이번에 히말라야를 가게 될 것 같았어요. 무리다 싶어 서 안 가려고 했지만, 왠지 갈 것 같았어요. 이런 느낌들이 있지요. 그 럼 그 느낌대로 살려고요. 우리 같이 잘 해봐요. 뭐든요. 삶도요!"

'나의, 히말라야' 트레킹 길동무가 모여지고 있었다. 랑탕 트레킹 때 함께 걸었던 강희 님이 보내준 문자였다. 여행을 준비하는 과정 자체가 새로운 마음을 빚을 수 있게 해주었다. 길동무와 함께 나누기 위해 걷기와 성찰에 관련된 책에서 읽었던 문장들을 떠올리며 엽서 를 쓰기 시작했다. 한 자, 한 자 쓸 때마다 이미 길을 걷고 있는 기분 이 들었다.

자기 자신을 만나려고 걷는 게 아니라는 얘기다. 잃어버린 정체성을 다시 찾아야 한다는 게 아니다. 걷다 보면 어떤 사람이 되어 하나의 이름과 하나의 역사를 가지고 싶다는 유혹을, 하나의 정체성을 가져야 한다는 생각을 떨쳐버리게 된다. 아무도 아닌 사람이 되는 것, 그것이 바로 걸을 때 누릴 수 있는 자유다. 걸어가는 몸은 역사를 가진 것이 아니라 그냥 태곳적에 시작된 생명의 흐름일 뿐이기 때문이다.

– 〈걷기, 두 발로 사유하는 철학〉, 프레데리크 그로 저, '장 자크 루소의 걷기'

2019년 겨울

◇◇◇

12월, 나는 팀보다 먼저 네팔에 들어가 기다리고 있었다. 팀이 들어오는 날 공항에 마중을 나가며 메리골드 꽃목걸이말라를 사러 가게에 들렀다. 메리골드 꽃말은 '반드시 오고야 말 행복'이라고 했다. 네팔에 없어서는 안 될 꽃 메리골드는 네팔에 오는 손님을 마중 가며 항상 샀던 꽃이었다.

길동무는 나를 제외하고 여덟 명이었다. 그런데 한 분이 아프리카 쪽으로 출장을 갔다가 몸살이 나서 비행기를 같이 타고 오지 못했다. 이번 여행의 네팔 가이드는 포카라에서 홈스테이 마을 하이킹 코스와 관련된 일을 같이했던 아르준이 맡았는데 아르준과 이번 트레킹을 어떻게 해야 할지 상의를 하고 막 네팔에 도착하신 분들을 맞이했다.

공항에서 기다리며 나오는 여행객들을 쳐다보면 낯선 곳에서 엄마 손을 놓친 표정으로 나온다. 낯선 공기와 분위기 속에서 누군가를

마중 나온 현지인들의 눈길이 한꺼번에 쏟아지면 당황해서 어쩔 줄 몰라 하는 표정들이다. 하지만 이내 반가운 목소리가 들리는 순간 세상을 다 얻은 것 같은 환한 안도의 웃음으로 바뀐다.

일곱 명 중 남자는 광인 님 한 사람이었다. 아프리카로 출장 갔다 오지 못하게 된 남자 분과 짝이 되어 이야기를 나누면 좋겠다고 생각했는데 어쩔 수 없는 일이었다. 광인 님을 알게 된 건 15년 전쯤이었다. 드럼을 배우러 간 문화공간에서 처음 만났는데, 매우 진지한 사람이었던 기억이 남아 있었다. 그 뒤로 왕래가 없었지만 SNS에서 그가 올리는 책에 대한 리뷰와 활동들은 꾸준히 보고 있었다. 그런데 어느 날 갑자기 전화해서 "이직할 예정인데 트레킹을 하러 같이 가고 싶다"고 했다. 첫 해외여행이라고도 했다.

워낙 말이 없고 조용한 성격이라 조금은 걱정이 되기도 했다. 첫 해외여행이 네팔 트레킹이라니 더 신경이 쓰였다. 이미 나와 같이 랑탕 트레킹을 했던 운희 님, 강희 님, 운정 님도 보인다. 3년 만에 다시 히말라야를 같이 걷게 된 이들을 보니 더 반갑다.

사실 네팔에 먼저 들어와 준비하는 동안 걱정이 많았다. 나의 불안정한 심리 상태가 이분들에게 누가 되지 않을까 하는 걱정이 앞섰다. 하지만 지금, 이 순간 우리가 공항에서 나눈 서로 간의 환대와 '나마스떼'라는 인사말은 그 순간을 말하지 않아도 빛내고 있었다.

다만 해결해야 하는 일이 있었다. 트레킹 기간에 잡힌 면접이었다.

길동무

◇◇◇

'나의, 히말라야' 트레킹 팀을 준비했던 것이 내 삶에 대한 새로운 의지를 갖게 하는 큰 요인이 됐다. 트레킹을 준비하며 에너지를 쏟게 되는 것들, 마음이 가는 것들에 대해서 고민하고 희망을 품는 시간이 알게 모르게 나에게 큰 도움이 되고 있었다. 사실 오기 한 달 전부터 준비한 면접이 있었다.

서울은 태어나기만 했을 뿐 나의 고향도 아니었지만, 동생이 떠난 서울에서 당장 일을 하고 싶은 생각이 들지 않았다. 서울을 떠날까도 생각해 보았지만 군인이었던 아버지를 따라 여기저기 이사를 하다 보니 고향이라고 생각하는 곳도 딱히 없었다. 마냥 조카 육아만 할 수 없었고 나의 삶을 다시 시작하기 위한 출발이 필요했다.

마침내 마음속 고향이라 생각하는 네팔에서 일할 기회가 생겨 시험을 보고 서류를 접수하고 면접까지 본 후 트레킹을 온 터였다. 트레킹을 떠나기 며칠 전 네팔에서 최종 화상 면접을 보라고 연락이 왔는데 그 화상 면접 시간이 하필 우리 팀이 최고로 높은 4,500m에 도달했을 때였다.

"아르준, 나 면접 그냥 포기할까?"

"아샤, 방법을 찾아보자. 어떻게 다시 먹은 마음인데 그렇게 포기해. 내가 팀을 데리고 나 혼자도 충분히 할 수 있으니 너는 포레스트 캠프까지 걷고 다음 날 포카라로 내려가. 포카라는 인터넷이 잘 되잖아, 포카라에서 면접 보고 우리를 기다려."

"내가 시작해서 오신 분들이야, 그분들을 그냥 보낸다는 건 말이 안 돼. 내가 시작한 팀이니 내가 책임져야 해. 그냥 이 기회가 내 것이 아닌 걸까?"

"그럼 포켓 와이파이 기계를 가져갈게, 정상 근처에 타워가 있었던 것 같아. 그 근처에서 연결하면 될지도 몰라. 그런데 높은 곳이니 화상 면접이 가능할지는 모르겠다."

아르준은 거의 울 것 같은 나를 달래며 온갖 방법을 마련하고 있었다. 일단 포카라로 떠나는 비행기를 타러 갔다. 수도 카트만두에서 포카라로 가는 국내선 비행기에서는 오른쪽 창가 자리에 앉아서 날이 좋으면 히말라야산맥을 비행기 내에서 감상할 수 있다. 내 마음은 싱숭생숭했지만 우리 팀의 출발은 너무 좋았다.

항공사 직원이 고맙게도 오른쪽 창가 자리를 배정해줬고 내 네팔살이 동안 한 번도 경험해보지 못한 국내선이 정시 출발했다. 항상 한두 시간은 기본적으로 기다려야 했던 국내선이 제시간에 맞춰 출발했고 날은 너무 화창해 가는 내내 설산 위를 둥둥 떠다니는 기분이었다. 포카라 공항의 위치상 안나푸르나, 마차푸차레 히말라야 전체를 조망할 수 있다. 포카라에 도착하자마자 모두의 탄성이 흘러나왔다. 나도 여름 이후 오랜만에 찾은 포카라였다.

비행기에서 내려 같이 이동할 보조 가이드와 포터 분들을 만났다. 보조 가이드 크리슈나와 포터로 온 아시스는 원래 전문 가이드인데 겨울철 일거리가 별로 없는 시즌에는 보조 가이드와 포터로도 일해야만 했다. 우린 호텔에 잠시 들러 가져가지 않을 짐은 보관하고 장비를 받은 후 짐을 챙겨 차에 올랐다. 담푸스까지 이동 후 트레킹을 시작할 예정이었다.

"여러분, 비행기에 같이 타지 못하신 최낙용 님은 우리가 트레킹을 마치고 돌아올 때 즈음 포카라에 오셔서 기다리신다고 하시네요."

"네? 트레킹을 안 하는데 네팔에 오시겠다고요?"

"네, 꼭 오시고 싶으시다네요."

비행기도 못 타고 트레킹도 못 하는데 며칠 남는 기간이라도 네팔에 오시겠다는 이분은 어떤 분이실까.

담푸스에서 옷매무새를 고치니 드디어 출발이다. 이 시간을 나는, 우리는 얼마나 기다려왔는가. 마음을 먹고, 준비물을 챙기고 주변 사람들에게 내가 없는 동안 부탁할 것들을 이야기하고 인천공항으로 이동하고 비행기를 타고 네팔까지 왔으며 낯선 도시에서 밤을 보내고 다시 비행기를 타고 포카라에 도착한 후 지프차를 타고 이곳에 와서 드디어 첫발을 내 딛는 순간 말이다. 숨을 크게 들이쉬고 걷기 시작했다. 내가 이곳에서 다시 걸을 수 있게 됨을 감사하며.

귀청각가 인간의 감각기관 중에서 집착으로부터 가장 자유롭다. 귀는 스스로의 의지로 닫기와 열기가 불가능한 감각기관이다. 눈시각, 혀촉각, 코후각를 보라. 얼마나 이기적인가. 밝고 달고 향기로우면 받아들이고, 어둡고 쓰고 악취가 나면 닫아버리지 않는가? 이러한 감각기관들은 소유와 집착에서 벗어나기 힘들다. 물질과 감각을 좇아가기 때문이다. 반면 귀는 개방적이다. 타자에 언제든 반응한다. 희로애락이 오든 사계절이 변화하든 귀는 언제든 열려 있다.

– 〈소리와 그 소리에 관한 기이한 이야기 중〉(심혁주, 궁리) 중에서

포레스트 캠프

◇◇◇

우리가 떠나는 트레킹 '마르디히말Mardi Himal' 코스는 그 누구도 오르지 못했다는 마차푸추레를 가장 가까이서 볼 수 있는 길이다. 힌두교의 3대 신 중 시바 신이 산다고 여기는 신성한 산 마차푸추레는 초기에 등반을 시도했던 사람들 모두 살아 돌아오지 못했으며 이후 네팔 정부에서는 입산을 금지해 아무도 오르지 못한 산이 되었다. 담푸스에서 오스트리안캠프를 지나 포타나로 가는 길은 여러 번 왔던 길이었다.

오스트리안캠프는 '톨라 카르카'라는 옛 지명이 있다. 큰 목초지, 염소와 물소 등을 자유롭게 키웠던 곳에는 여행자 숙소가 들어섰다. 오스트리안캠프를 지나 포타나에 도착해 점심을 먹는데 설산들이 장관이다. 야외에 차려진 식탁 테이블보는 진한 분홍색이라 주변의 꽃나무들과 잘 어울렸다. 파란 하늘과 분홍색 테이블보, 하얀 설산과

노란 꽃나무들은 식욕을 돋우었다.

　팀원 중 막내를 우리는 칸치라고 불렀다. 칸치는 가족 중 막내딸
을 의미하는데 우리 팀원 중 가장 어린 지현 님에게 칸치라고 호칭을
붙여 주었다. 팀에 지현 님이 두 명이었기 때문이기도 했지만 칸치라
는 소리가 재미있기도 해서였다. 칸치는 지인을 통해 오신 분이었는
데 캐릭터가 남달랐다. 내가 사진사를 고용했나 착각할 정도로 우리
모두의 사진을 열심히 찍어 주셨고 본인 사진은 더 열심히 찍으셨다.
정신없이 이야기하는 우리 팀 막내 칸치는 팀의 활력소 역할을 톡톡
히 했다. 중간중간 설산 배경으로 사진도 찍고, 갑자기 나타나는 숨
막히는 광경에선 다 같이 탄식을 쏟아내며 걸었다. 네팔 밀크티 찌아
를 마실 때면 세상 부러울 게 없는 순간이었다.

　어두워지기 전에 부지런히 걸어 포레스트캠프Forest camp에 도착했

다. 예전에 왔을 땐 롯지Lodge가 두 개밖에 없었는데 이번에 오니 열 개나 됐다. 마르디히말 트레킹 코스가 여행자들에게 알려지면서 롯지가 급증했다. 어두워지니 금세 추워졌다. 모두 부엌 안에 설치된 난로 앞에 앉아 레몬차를 홀짝거렸다. 아르준은 내일은 하이캠프High camp까지 가야 하는데 하이캠프는 3,500m기 넘으니 미리 고산병약 반 알씩을 먹자며 챙겨온 약을 꺼내주었다. 하루에 반 알씩 두 번 먹으면 고산병에 조금이라도 도움이 될 거라 했다.

내일 하이캠프에서는 면접을 볼지 말지 결정해야 했다. 모레가 화상 면접날이기 때문이다.

위로의 여정

◇◇◇

전생에 나라를 구한 분들인지 오늘도 날씨가 너무 좋다. 구름 한 점 없이 깨끗한 하늘 아래서 우린 다 같이 준비운동을 했다. 요가를 배운 칸치를 따라 몸을 풀고 길을 떠났다. 포레스트캠프에서 로우캠프, 미들캠프 그리고 바덜단다를 거쳐 하이캠프까지 가야 한다. 이 길은 마르디히말 트레킹 코스 중 내가 가장 좋아하는 구간이다.

팀은 매우 중요하다. 모르는 사람끼리 여행을 하므로 때론 민감하기도 하고 조심스러운데 우리 팀은 알아서 조화롭다. 강희 님은 예전에도 항상 맨 마지막에 천천히 걸었다. 이번에는 칸치 말고 다른 지현 님이 강희 님의 길동무가 되어 주었다. 강희 님은 조용히 말을 내뱉으며 순례자처럼 걷는다.

반면에 지현 님은 말을 꺼낼 때마다 유쾌하셨다. 나는 지현 님이 말을 꺼내실 때마다 웃었다. 그녀가 하는 모든 말들이 재밌었다. 운희 님

은 간혹 초등학생 딸 이야기를 꺼내며 학교가 얼마나 획일적인지, 이 사회가 엄마라는 존재에 얼마나 많은 것을 요구하는지 이야기했고 그녀의 말 속에는 항상 힘이 있었다. 엄마의 역할과 사회에서 하고 싶은 역할 속에서 힘 있게 헤쳐나가는 그녀의 말은 울림이 있었다.

경아 님은 내가 가이드를 고용한 줄 알았다. 가이드보다 더 잘 걷는 경아 님은 묵직하지만 유머러스한 언변과 씩씩한 발걸음으로 팀 선두에 앞장서 있었다.

운정 님은 푸근한 마음으로 우리를 지켜봐 주는 것 같았다. 20대, 30대, 40대를 맞이할 때마다 우연히 다른 나라에 있었다는 운정 님은 50대를 맞이하며 어느 나라에 서 있을지 고민하며 길을 걸었다. 그러면서 오래전 안나푸르나 트레킹을 했을 때의 추억을 우리에게 들려주었다.

유일한 남자인 광인 님은 묵묵히 말없이 걸으며 중간중간 멈춰 섰다. 갈림길에서, 고개를 돌아가는 길에서 뒤에 오는 사람들이 다 올 때까지 기다렸다가 다시 길을 출발했다. 나 대신 서로를 챙기며 조화롭게 오는 팀원들께 정말 감사했다.

네팔인들도 자기의 역할을 충실히 해주고 있었다. 아르준은 메인 가이드로 앞에서 우리를 이끌어줬고 크리슈나는 보조 가이드로 맨 뒤에서 끝까지 팀원들을 챙기며 오고 있었다. 포터로 오게 된 아시스는 점심시간이 되면 우리가 점심 먹을 곳에 먼저 도착해 식사를 주문해놓고 기다렸다.

다른 포터들도 저녁마다 우리에게 깎아 줄 과일을 10kg이나 짊어지고 길을 올랐다. 아르준의 배려였다. 저녁 식사 후 과일이 없는 높은 산에서 우리에게 후식을 먹이겠다며 과일을 포카라에서부터 짊어지고 온 것이다. 덕분에 우리는 저녁마다 엄마보다 더 예쁘게 깎아 내오는 과일상을 받게 되었다. 이런 팀을 만나게 된 나는 복이 많은 것 같다.

길을 걷다 동생을 떠올리며 나는 혼잣말을 곧잘 했다.

"동주야, 언니가 여기에 있다. 다시 히말라야를 걷고 있어. 지금 내 눈앞에 보이는 설산을 너도 보고 있을까? 위에서 우릴 지켜보고 있는 걸까? 이렇게 다시 걸을 수 있게 되어 정말 감사해. 엄마 아빠께도 정말 감사해. 너도 거기서 잘 지내고 있겠지? 앞으로도 우리 가족을 잘 봐주고 있을 거지?"

발아래 놓인
구름

◇◇◇

내가 좋아하는 구간은 미들캠프에서 바라보는 바덜단다 구간이다. 미들캠프에 도착하면 맞은편으로 바덜단다가 보인다. 그 뒤로 보이는 광경은 온종일 보아도 질리지 않을 풍경이다. 미들캠프에서 우린 바덜단다를 바라보며 힘을 냈다. 바덜단다에 도착해야 점심을 먹을 수 있었기 때문이다. 미들캠프에서 랄리구라스 숲을 지나 한참을 올라가야만 한다. 랄리구라스 숲을 지나면 바덜단다까지 오르막이라 매우 힘들다. 저 숲을 지나 오르지 못하면 우린 더 나아갈 수 없다. 차오르는 숨을 가다듬으며 더 디딜 계단이 없을 때까지 올라야 바덜단다를 만날 수 있다.

　가쁜 숨을 견디고 무거운 다리를 용을 쓰며 다음 디딜 곳으로 올려야만 우리는 나아갈 수 있다. 삶도 그러하다. 견뎌야만 하고 인내해야 하는 시간이 찾아온다. 바덜은 구름이란 뜻이고 단다는 언덕이

란 뜻이다. 구름의 언덕, 바덜단다Badal Danda는 3,210m이다. 점심시간이 되니 빠르게 구름이 몰려온다. 구름이 우리 발아래에 있다. 바덜단다라는 지역명처럼 구름이 우리를 향해 다가오고 있다. 광인 님은 구름을 좋아했다. 거대한 구름풍경 앞에 앉아 구름을 하염없이 쳐다보았다.

"여러분이 힘들게 3,000m를 넘으셨고, 다들 힘드신 상태라 생각합니다. 오늘 점심은 특별히 신라면과 채소볶음 그리고 밥으로 준비할게요. 한국인들을 위한 특별점심."

아르준은 우리가 힘들어 하니 입에 맞는 것을 먹는 게 가장 좋다며 신라면을 권했다. 신라면이 이 산꼭대기에도 있다니 놀라울 따름이다. 다들 세상 행복한 표정으로 3,000m가 넘는 곳에서 신라면을 먹고 꿀맛 같은 낮잠을 청했다.

아르준과 나는 포켓 와이파이를 계속 점검하며 올라가고 있었다. 불안정한 네트워크로 당장 내일인 화상 면접을 포기할까 생각했다.

"아샤, 내일 헬기 타고 내려가서 면접 보고 다시 올라와."

"헬기?"

"응, 오늘 하이캠프 도착하면 거기 근처에 구조용 헬기 내리는 곳이 있어. 우린 이제까지 날이 계속 좋았잖아. 내일 아침도 좋을 거야. 날씨가 좋으면 헬기가 뜰 거야. 안나푸르나 베이스캠프 들렀다 오는 관광 헬기가 돌아서 포카라 갈 때 너를 픽업해달라고 하자. 이제 방법이 이것밖에 없어."

마지막 희망이었다. 하이캠프에 도착해서 팀원들의 상태를 점검하고 마차푸추레가 석양에 물들어 빨간 산이 되어가는 것을 바라보며 발아래 차오르는 구름 위에서 우린 내일을 준비하고 있었다. 팀원들에게 이야기할 시간이 됐다. 어떻게 말을 꺼내야 할지 몰라 안절부절 못했다. 팀원들이 실망하지 않을까 하는 생각에 마음이 졸였다.

"여러분께 할 이야기가 있어요. 많은 분이 이미 알고 계시겠지만 여름에 개인적으로 힘든 일을 겪으면서 이 트레킹을 준비했습니다. 무엇인가 하고 싶은 의지가 없었는데 여기 오기 전 다시 하고 싶은 일이 생겨 준비했고 최종면접이 내일로 잡혔습니다. 여러분들과 4,500m의 마르디히말 베이스캠프에 같이 함께하지 못할 것 같습니다. 저는 기다렸다가 날이 좋아 헬기가 온다면 포카라로 내려가 면접을 보고 다시 올라와 란드룩에서 여러분을 만날 거고, 날이 좋지 않다면 여기서 기다리고 있겠습니다."

순간 눈물이 쏟아졌다. 입에서 말이 맴돌고, 힘들었던 시간이 떠올라 눈물이 차올랐다.

"아샤, 내일 분명 날이 좋을 거예요. 아샤가 다시 하고 싶은 일이 생겼다는 것 자체가 기뻐요."

올라오며 전전긍긍했던 마음들이 위로의 말을 듣는 순간 해제되는 것 같았다. 혹시 몰라 의약품을 전달하고 잠시 다녀올 짐을 쌌다. 밤에 별이 잘 보이면 내일 날씨가 좋다고 했는데 오늘 밤하늘을 기다리느라 잠이 쉽게 오지 않을 것 같았다.

헬리콥터 면접

◇◇◇

팀은 해가 뜨기 전에 길을 떠나야 했다. 새벽 5시부터 기상해 따뜻한 차를 마시며 몸을 녹이고 헤드 랜턴을 챙겼다.

"아샤, 7시 반에 헬기가 올 거야. 오늘 날이 좋으니 걱정하지 말고 기다려. 아시스는 여기 남으라고 할게. 여기 롯지 주인한테도 이야기 해놨으니까 시간 되면 헬기장에 데려다 줄 거야. 팀은 내가 잘 데리고 갔다 올 테니 면접 잘 보고 란드룩에서 만나자."

걱정하지 말고 면접 잘 보고 오라는 말을 남기고 팀원들은 어둠 속으로 사라졌다. 팀원들의 뒷모습을 바라보며 서 있었다. 산에 헤드 랜턴의 빛만 너울거리며 움직이는 모습이 보였다. 짐을 챙겨 나와 응접실에 마냥 앉아 기다렸다. 자연은 언제 어떻게 변할지 모르기 때문에 마음을 놓을 수 없었다.

롯지 주인과 내곁에 남은 아시스와 함께 헬기장 근처로 이동했다.

정말 헬기 한 대 겨우 내릴 공간이었다. 3,500m 고요한 이곳에 앉아 있는데 헬기 한 대가 안나푸르나 베이스캠프 쪽으로 들어간다. 잠시 헬기가 다시 돌아 나오는데 내 머리 위를 그냥 지나가 버렸다. 롯지 주인은 내가 예약한 회사 헬기가 아니라고 했다. 그렇게 한두 대가 그냥 지나가 버리고 점점 구름이 몰려오고 있었다. 내 마음은 초조해 졌고 이미 한 시간이 지나 8시 반이 되어버렸다. 아침 관광 헬기는 몇 대밖에 뜨지 않기 때문에 마음이 더 조마조마했다.

면접은 11시였다. 조용한 곳에서 인터넷도 체크해야 했고 무엇보다 트레킹하면서 씻지 못해 샤워가 제일 급했다. 그렇게 초조한 시간이 지나고 아침 9시가 다 되어서야 내가 탈 헬기가 왔다. 3,500m 하이캠프에서 포카라까지 걸리는 시간은 단 10분밖에 되지 않았다. 헬기 안에 타고 있던 관광객 3명은 신이 나서 카메라를 들고 열심히 창밖을 바라보는데 나는 눈앞에 아무것도 보이지 않았다. 헬기 조종사의 뒤통수만 바라보며 내려갔다.

포카라 공항에 내리자마자 택시를 잡아타고 레이크사이드로 이동해 호텔로 뛰쳐들어갔다. 아침 9시 조금 넘은 시간이었는데 리셉션에 가서 "지금 빈방 아무거나 주세요."라며 소리치고 키를 받아 올라갔다. 미친 듯이 가방을 풀고 샤워를 했다. 샤워 후 미리 준비해 온 옷으로 갈아입고 침대 위에 쿠션을 올리고 그 위에 휴대전화를 올렸다. 그렇게 침대와 탁자 위치를 바꿔가며 친구와 화상통화 시험을 했다. 조명은 어떤지, 위치는 어떤지 확인해가며 인터넷 속도를 체크했다. 면접 시간은 다가오고 마음의 진정이 필요했다. 심호흡을 하고 11시를 기다렸다. 약 15분간의 면접이 끝났다. 내가 할 수 있는 것은 다 했다.

단골집인 라이프아트 카페에 가서 아이스라떼를 시켰다. 여전한 미소의 어닐이 내려주는 커피를 한잔하니 세상 이보다 좋을 수 없었다. 거리에 나와 걷는데 나 혼자 싱글벙글한 것 같다. 이 거리에 지나가는 사람들은 알기나 할까. 내가 3,500m에서 오늘 아침 헬기를 타고 내려와 방금 면접을 보았다는 사실을 말이다. 팀원들은 마르디히말 베이스캠프에 잘 도착했을까 궁금했다. 오늘은 란드룩으로 갈 수 없기에 포카라에 머물러야 했다.

포카라에서 살 때 매일 꽃바구니를 만들어주고 나를 딸처럼 챙겨주신 집주인 아저씨와 아주머니를 만나고 싶어 한국에서 챙겨온 믹스커피 봉지를 들고 발걸음을 옮겼다. 오랜만에 동네 골목 슈퍼마켓 아주머니와도 인사하고 익숙한 집으로 향했다.

내가 없는 사이 이 집에 새로운 손자가 태어났다. 카트만두에 사는 큰딸이 갓 태어난 아이를 데리고 친정에 와있었다. 반갑게 맞아주시며 내 근황을 물으셨다. 부모님은 잘 계시는지, 조카들은 누가 돌보고 있는지 물어보시고는 하룻밤 자고 가라고 하셨다. 이 집 큰 손녀는 한국 이모를 위해 춤을 춰주겠다며 재롱을 피웠고 아주머니는 계속 먹을 것을 꺼내오셨다. 다음에 오면 꼭 자고 가겠다고 인사하고 나와 아르준과 통화를 했다.

"아샤! 면접은 잘 봤어? 팀이랑 올라가면서 계속 내려다봤는데 네가 탈 헬기가 안 와서 내가 얼마나 걱정하며 회사에 전화한 줄 알아? 결국, 네가 탄 헬기가 떠나는 걸 보고 안심했다고. 우리 팀은 모두 건강하게 4,500m 베이스캠프에 다 잘 다녀왔어. 내일 지프차 구해서 란드룩으로 와."

"강희 님이랑 지현 님도 다 잘 올라갔어? 정말? 와, 정말 다행이다.

광인 님은?"

광인 님은 폐결핵으로 1년간 요양을 하며 폐를 절제하는 수술까지 했었기 때문에 더 걱정이었다. 그런데 그도 4,500m 베이스캠프에 거뜬하게 잘 올라갔다고 하는 소리에 안심됐다.

아르준은 내 평생의 은인이다.

쩌우다시
뿌자

◇◇◇

다음날 아르준의 남동생을 만나 지프차를 구했다. 지프차를 타고 란드룩에 먼저 도착해 팀원들을 기다렸다. 포터들이 먼저 도착하길래 길을 올라 산어귀에서 팀원들을 맞이했다.

"아샤! 면접 잘 봤어요? 아샤 머리 감았다!"

반가운 재회였다. 모두 무사히 건강히 다녀온 것에 감사했고 나 또한 면접을 보고 올라와 이렇게 만날 수 있다는 것에 또 감사했다. 간만에 팀원들은 샤워를 하고 다 같이 마당에 둘러앉았다. 네팔인들이 모닥불을 피워주었고 거기에 감자를 굽기 시작했다. 발도 녹이고 감자도 굴리며 저녁을 기다렸다.

아르준은 여기가 백숙 맛집이라며 저녁으로 백숙과 네팔만두를 주문해주었다. 우리의 이야기는 끊이질 않았다. 모두에게 감사한 밤이었다. 그때 갑자기 동네에서 음악이 울려 퍼졌다. 내일 있을 뿌자Puja를 준비하는 것이라 했다. 뿌자는 신께 기도하는 의식으로 네팔에는 다양한 뿌자가 있다. 다음 날 간드룩으로 떠나기 전 뿌자를 볼 수 있으면 좋겠다는 말에 찾아가 보기로 했다.

다음 날 아침, 칸치의 요가로 준비운동을 마치고 뿌자가 열리는 집으로 향했다. 쩌우다시 뿌자였다. 한국에 환갑, 칠순 잔치가 있듯이 네팔에는 84세가 되면 새로 태어나는 새로운 삶이 주어진다고 하여 뿌자를 한다. 84세를 맞이하신 할머님이 계셨다. 네팔에선 결혼식 때 '저기야'라는 의식의 장소를 만드는데 84세 뿌자 때도 저기야를 만들어준다고 했다. 저기야를 한쪽 편에 정갈하게 다독여 만들어 놓은 다음 꽃장식을 하는데 정신이 없었다.

외국인들이 할머니의 생신을 축하드린다며 약간의 축하금을 드리니 할머니께서 오늘은 가족들에게 돈을 나눠줘야 하는 날이기 때문에 받을 수 없다고 하셨다. 쩌우다시 뿌자 때는 할머니의 몸무게만큼 동전을 모아 똑같이 맞춘 다음 마을을 돌며 동전을 나눠준다고 했다. 할머니께 "100세까지 오래오래 사세요."라고 이야기 드리니 손사래를 치신다.

할머니와 인사를 드리고 우리의 마지막 마을인 간드룩으로 향했다. 간드룩은 구릉 민족의 오랜 터전으로 전통 가옥 양식을 보존하고 살고 있는데 홈스테이 마을로도 유명했다. 하지만 지금은 여행객들이 많이 오가는 마을이 되면서 호텔이 많이 생겨났다.

아르준은 마지막 날이라 네팔 포터들에게 고기를 먹여야 한다고 닭을 찾기 시작했다. 간드룩 마을에 도착해 구릉 민족의 박물관에 들러 구릉 전통의상을 구경했고 남자대표로 광인 님이, 여자대표로 칸치가 구릉 전통의상을 입고 포즈를 취했다.

우리가 웃고 정신없이 마을을 둘러보는 사이 포터들은 토종닭을 구하러 다녔다. 마지막 날이라 우린 술을 시켰고 정신없이 마셨던 것 같다. 마당에서 바비큐 파티가 벌어졌다. 행복하면서도 온갖 감정이 복받쳐 오르는 날이었다. 내가 준비해온 트레킹 여정 동안 나눠드린 4개의 엽서 문구가 내 손을 떠났다.

그대로 두라

박노해

일상은 일상으로 두라
일상을 이벤트로 만들지 마라
일상이 일상으로 흘러갈 때
여정의 놀라움이 찾아오리니

결여를 결여대로 두라
결여를 억지로 채우지 마라
결여는 결여된 채 그리워할 때
사무치는 마음에 꽃이 피리니

상처는 상처대로 두라
상처를 힐링으로 감추지 마라
상처가 상처대로 아파올 때
상처 속의 숨은 빛이 깨어나리니

지금,
이 순간만으로도
행복합니다

◇◇◇

포카라 호텔에 도착하니 비행기를 못 타신 최낙용 님이 작은 종이에 우리를 환영하는 문구를 적어 들고 서 있었다. 귀여운 환영 인사였다. 우리는 필요한 순간순간 조용히 우리를 챙겨주셨던 가이드, 포터 분들과 작별인사를 했다. 인사 후에 호텔에서 짐을 받아 방에 올라간 후 다들 묵은 때를 벗기고 다른 모습으로 나타나셨다.

마사지와 쇼핑 그리고 혼자만의 시간으로 각자의 마음을 정리한 후 저녁 식사를 하러 다 같이 식당에 갔다. 산에선 아르준이 챙겨준 신라면과 백숙이 있었지만 땀에 젖지 않은 상쾌한 옷으로 갈아입고 한식을 먹는 순간은 트레킹 내내 상상하는 순간이다. 모두 무사히 안전히 돌아온 이 순간 한 가지 기쁜 소식을 나눴다.

"모두 안전하게 서로를 챙기며 이렇게 내려올 수 있게 돼서 기쁘고 감사합니다. 여러분들이 없었다면 할 수 없었던 여정이었고 함께

해주셔서 정말 감사합니다. 오늘 면접 결과가 나왔는데 합격했습니다. 감사합니다."

순간 환호성을 지르며 다 같이 축하해 주셨다. 취업으로 이렇게 축하받아 본 적이 있을까 싶었다. 어떻게 선택한 과정인지 공감해주셨고, 마음으로 나를 이해하고 지지해 주셨던 분들이기에 기쁨의 자리 또한 더 행복할 수 있었다. 생애 가장 행복한 저녁 식사를 마치고 지현 님, 운정 님 그리고 뒤늦게 합류하신 최낙용 님과 호숫가를 걸었다. 잔잔한 호숫가를 걷고 걸어 끝자락에 있는 식당에 다다랐다. 식당은 평소 알고 지내던 디디가 운영하는 곳이라 오랜만에 인사를 드릴 겸 들어갔는데 디디가 반갑게 맞아주며 모닥불도 피워주고 계피차도 내주었다. 그때 최낙용 님께서 이야기를 꺼내셨다.

"네팔은 꼭 한 번 와야만 했어요. 그래서 지금이 아니었더라도 한 번쯤 왔을 거예요. 트레킹은 하지 못했지만 지금 이 저녁, 이 순간만으로도 너무 행복합니다."

최낙용 님은 돌아가신 미누다이의 이야기를 담은 지혜원 감독님의 다큐멘터리 〈안녕, 미누〉의 배급을 맡게 되셨다고 했다. 우리의 만남은 우연이자 필연이었다. 내가 좋아하는 티베트불교의 팔길상 중 끝이 없는 매듭Endless Knot이 다시 한 번 떠올랐다. 만나야 할 사람은 반드시 만난다. 지금 이 순간의 만남도, 여정을 함께했던 모든 이들과 만남도 다 이유가 있다 생각했다.

'나의, 히말라야'팀의 여정은 위로받는 여정이었다. 그분들의 공감과 위로가 없었다면 할 수 없었을 일이었다. 히말라야가 허락했던 나의 길과 이 소중한 인연을 마음속에 간직하며 살아가야겠다. 이번 트레킹으로 히말라야는 슬픔은 안아주고, 희망을 내어주는 길임을 다시 한번 느꼈다.

보우더의
촛불

◇◇◇

포카라에서의 마지막 날 온종일 비가 내렸다. 마지막 날은 각자 자유롭게 자기만의 시간을 가지며 정리하는 날이었다. '나의, 히말라야'팀의 주요 콘셉트는 '나에게 침잠하기'였다. 책에 다 쓰진 못했지만 저마다의 이유가 있었다. 2019년 한 해를 마무리하며 각자에게 주어진 역할과 일상을 떠나 나에게 침잠하는 시간이 필요했던 이유들 말이다. 각자에게 집중하는 시간이 필요했다. 그 시간을 서로 존중하며 내리는 비를 맞이했다.

다음 날 아침 카트만두로 돌아가는 시간에는 거짓말처럼 하늘길이 열렸다. 이번에도 최낙용 님은 우리와 같은 비행기를 타지 않고 미누다이가 생전에 애착을 가졌던 사랑기 마을에 다녀오겠다 하셨다. 전통악기인 사랑기를 연주하는 사람들이 모여 사는 마을인데 네팔은 카스트제도로 인해 악기를 연주하는 카스트를 천대했다. 그 마

214

을에서 무엇인가를 하고자 했던 미누다이의 발자취를 따라 다녀오기로 한 것이다. 최낙용 님이 마음에 품고 네팔에 오신 이유가 있다면 존중해드려야 했다.

카트만두에 도착해 휴식을 취한 후 다 같이 보우더로 향하는 데 칸치가 몸살에 걸려 함께하지 못하게 되었다. 트레킹 내내 제일 활발하던 이가 아프다고 하니 칸치를 쉬게 하려고 호텔에 두고 보우더로 떠나려는데 그녀가 나에게 엽서 한 장을 내밀었다. 얼마 남지 않은 우리 일정을 앞두고 나에게 응원의 메시지를 보내는 엽서였다.

보우더 사원Boudha nath은 내가 카트만두에 살 때 가장 좋아하던 장소였다. 세계문화유산이자 티베트불교의 사원들이 밀집해 있는 곳에선 항상 '옴마니밧메훔' 진언이 울려 퍼지는 곳이었다. 우리는 다 같이 보우더 사원에서 촛불을 켰다. 각자에게 의미 있는 숫자만큼 촛불을 켜고 보우더 사원을 바라보며 잠시 조용한 시간을 보냈다. 나는 이미 보우더에서 내 동생의 나이만큼 촛불을 켰던 터라 조용히 팀원들의 시간을 바라보았다. 몇 개의 촛불을 켰고 왜 이 숫자를 떠올렸는지는 나중에 이야기하기로 했다.

나는 면접에 최종합격한 후 정해진 시간에 건강검진을 받지 않으면 합격 취소라는 이야기를 전해 듣고 보우더에서 마지막 인사를 하고 먼저 공항으로 향했다. 이틀 정도 더 남은 일정은 내가 믿는 벅터 아저씨에게 맡기고 먼저 한국으로 향해야 했다. 보우더에서 작별인사를 하며 한 분 한 분께 남은 여정 잘 마치고 오시라 인사하는데 모든 분이 걱정하지 말고 건강검진 잘 받으라 말해주셨다. 그렇게 인사를 나누고 돌아서는데 그때 본 광인 님 모습이 마지막이었다.

애도일기 5

◈◈◈

현대차 노조의 식당 노동자 200명을 정리해고했던 과정을 다룬 다큐멘터리 〈밥.꽃.양〉의 제목을 아이디로 썼던 광인 님. 관악FM의 DJ 자리를 오랫동안 하며 낮은 목소리를 들려주고 서울 녹색당에서 이웃과 지구를 위해 활동해오신 광인 님을 기억하겠습니다.

밥.꽃.양 아직도 기억납니다. 구로에서 날카로운 눈으로 사회를 바라보지만 푸근한 마음으로 주변 사람들을 품어주시던 모습이 기억납니다. 갑자기 연락해 이직하기 전 트레킹을 하고 싶다는 들뜬 목소리와 첫 해외여행이라고 말하던 모습이 떠오릅니다. 서울역 회의실에서 사전 만남 후 조용히 뒷정리를 도와주고 우리가 모두 트레킹을 마친 기쁨에 술에 취한 다음 날 해장하라며 조용히 즉석 해장국을 내미시던 다정한 손을 기억합니다.

구름을 좋아하고 뒤에 오는 사람을 세심하게 챙기던 모습이 생각나고 트레킹 내내 찍은 사진으로 우리를 감동하게 한 당신의 시선이 아름다웠다고 말하고 싶습니다. 긴 요양생활 후였지만 누구보다 잘 걸어서 놀라웠고, 구름이 발아래 놓일 때 우리 다 같이 웃고 사진 찍으며 그 순간을 기억하고자 애썼던 기억이 아름답게 남아 있습니다. 찬물에 빨래하면서도 괜찮다고 이야기했던 모습이 자꾸 떠오릅니다. 네팔 보우더에서 켰던 촛불의 개수와 의미를 아직 듣지 못했습니다. 촛불을 켜던 뒷모습이 마지막 모습일 줄 상상조차 못 했습니다. 이렇게 우리 곁을 떠나심이 믿기지 않는 날입니다. 우리 마음속에 자리 잡은 광인 님, 편히 쉬세요.

2020년 4월, 그는 잠들었다.

2020년 봄

◇◇◇

샐리 티스데일의 〈인생의 마지막 순간에서〉라는 책에 보면 '애통'이
라는 단어가 나온다. 마지막 숨을 거둔 후에 내쉬는 또 다른 숨이라
는 뜻이다. 동생이 떠난 후 어쩌면 애통을 반복적으로 내쉬며 시간을
보내왔다.

　죽을 것 같은 시간이었다. 세상에 이보다 큰일은 다시 내 인생에
일어날 것 같지 않은 큰 상실감을 느끼고 주변과 단절되는 시간이었
으며 갑작스러운 모든 변화와 고통을 인내해야 하는 시간이었다. 생
각해보지 않았던 우울, 죽음, 사고, 좌절 모든 것이 찾아온 시간이 나
의 곁을 지나가고 있다. 그 시간은 나의 몸에, 우리 가족의 마음에 흔
적을 고스란히 남겼다. 지워지지 않을 흔적을 안고 다시 남은 자의
몫을 해내야 하는 것이 힘들었다.

　하지만 우리는 안다. 이 모든 인생의 여정 속에서 파도타기를 하듯

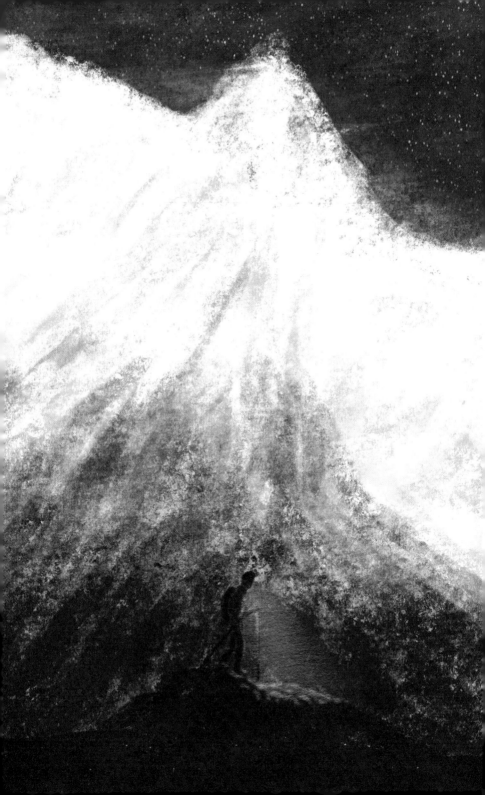

맞이해야 한다는 것을. 5개월이었던 어린 쌍둥이 조카들은 15개월이 되었고 아장아장 걷기 시작했으며 어린이집에서 새로운 선생님과 친구들을 만나기 시작했고, 부모님은 약간의 여유가 생기시면서 뒷산 텃밭을 고르러 다니신다.

나는 '나의, 히말라야'팀의 지지와 위로로 다시 네팔에서 일을 시작하게 되었고 17세기 말라 왕조의 건축예술이 고스란히 남아있는 세계문화유산 지역인 파탄에 새로운 터전을 마련해 다시 삶을 가꾸어 나가고 있다.

네와리 민족이 많이 사는 동네에서 새로운 골목골목을 발견하며 기뻐하고, 네와리 친구와 동네에서 전통 락시를 들이키며 수다를 떨고 아침에 출근할 때면 가끔 꽃을 사기도 한다. 하지만 동생이 떠난 여름이 되면 또다시 슬플 것이고 문득문득 마주하는 장면에서 눈물을 흘릴 것이다. 눈물을 흘리다가도 좋은 음악을 들으며 흥겨워하고 가을 단풍을 보러 다시 산으로 떠날 것이다.

삶의 한 페이지가 어두웠을지라도 희망을 안고 우리는 다음 페이지를 넘긴다. 그렇게 내 앞에 닥칠 삶의 리듬을 받아들이려 한다. 모두가 그랬으면 좋겠다.

서로의 삶을 응원하며. 나마스떼.

에필로그

책을 쓰겠다 다짐한 것이 후회스러울 정도로 책을 써 내려가는 것이 너무 힘들었습니다. 동생이 떠난 후 느꼈던 감정과 애도의 시간, 그리고 걷는 여정들을 기록하고 싶었지만, 그 과정이 고통스러웠습니다. 뒷부분으로 갈수록 기억을 떠올려야 하는 과정들이 힘겨워 한 문장 쓰고 밖으로 나가 바람을 쐬고 들어오기를 반복했습니다. 글을 쓰는 과정에서 울기도 많이 울었습니다. 어느 날 황수연 작가님이 문구 하나를 보내주셨습니다. 고수리 작가님께서 글쓰기 강연을 할 때 하신 말씀이라면서.

"사무치는 기억들은 꼭 한 번쯤 글로 풀어보았으면 좋겠어요. 그래야 언제나 멈춰 서고 빙빙 돌던 그 지점에서 나아갈 수 있어요."

다시 힘을 주어 한 문장, 한 문장 써 내려갔던 시간입니다. 황수연 작가님의 그림을 보며 위로를 받았습니다. 이번 책에는 '위로'라는 단어가 참 많이 나옵니다. 어두운 곳 깊이 떨어져 버린 시간 속에서 다시 살아내고 싶었고, 모든 위로가 필요한 사람들에게 같이 살아내자 이야기하고 싶었습니다. 우리는 위로에 매우 서툴고 멋쩍어합니다. 하지만 '나의, 히말라야'팀으로부터 받았던 위로는 저를 충만하게 해주었습니다. 서툴고 멋쩍더라도 서로를 위로하며 앞으로 나아가자 이야기하고 싶었습니다.

이 책에 딱 맞는 황수연 작가님의 그림을 담을 수 있게 되어 정말 감사합니다. 미적거리며 마감기한도 못 맞춘 채 늘어져 버린 저에게 기회를 주시고 기다려주신 스토리닷 이정하 대표님께 다시 한번 감사드립니다.

무엇보다 본인들이 힘드실 텐데 저를 믿고 멀리 보내주신 엄마 아빠께 죄송하고 사랑한다고 말씀드리고 싶습니다. 이렇게 2020년 여름이 다가오고 있습니다.

모두가 보고 싶고 그리운 밤입니다.
히말라야의 위로를 전합니다.

나의
히말라야에게

초판 1쇄 발행 2020년 6월 20일

지은이   서윤미
그림   황수연
펴낸이   이정하
디자인   윈스프

펴낸곳   스토리닷
주소   서울시 서초구 방배동 934-3 203호
전화   010-8936-6618
팩스   0505-116-6618
ISBN   979-11-88613-14-4 (03910)

홈페이지   http://blog.naver.com/storydot
SNS   www.facebook.com/storydot12
전자우편   storydot@naver.com
출판등록   2013. 09. 12 제2013-000162

ⓒ 서윤미, 황수연 2020
※ 이 책에 실린 내용 일부나 전부를 다른 곳에 쓰려면
   반드시 저작권자와 스토리닷 모두한테서 동의를 받아야 합니다.

이 도서의 국립중앙도서관 출판예정도서목록(CIP)은
서지정보유통지원시스템 홈페이지(http://seoji.nl.go.kr)와
국가자료공동목록시스템(http://www.nl.go.kr/kolisnet)에서 이용하실 수 있습니다.
(CIP제어번호: 2020022798)

스토리닷은 독자 여러분과 함께합니다.
책에 대한 의견이나 출간에 관심 있으신 분은 언제라도 연락주세요. 반갑게 맞이하겠습니다.